As Leis da
Perseverança

As Leis da Perseverança

Como romper os dogmas da sociedade e superar as fases difíceis da vida

Ryuho Okawa

IRH Press do Brasil

Copyright © Ryuho Okawa 2014
Título do original em japonês: *Nintai-no-Hō*
Título do original em inglês: *The Laws of Perseverance – Reversing Your Common Sense*
Tradução para o português: Luis Reyes Gil
Edição: Wally Constantino
Revisão: Agnaldo Alves
Diagramação: José Rodolfo Arantes
Capa: Maurício Geurgas
Imagem de capa: IRH Press Japão

IRH Press do Brasil Editora Limitada
Rua Domingos de Morais, 1154, 1º andar, sala 101
Vila Mariana, São Paulo – SP – Brasil, CEP 04010-100

Nenhuma parte desta publicação poderá ser reproduzida, copiada, armazenada em sistema digital ou transferida por qualquer meio, eletrônico, mecânico, fotocópia, gravação ou quaisquer outros, sem que haja permissão por escrito emitida pela Happy Science – Ciência da Felicidade do Brasil.

1ª edição
ISBN: 978-85-64658-12-7
Impressão: Paym Gráfica e Editora Ltda.

Sumário

Prefácio 9
Um Guia para o Coração –
Por Mais Que Esteja Sofrendo 11

Capítulo Um
*Como Superar as "Fases Difíceis"
Para Aqueles Que Querem Melhorar
Sua Sorte 13*

1 • Todas as Pessoas Enfrentam "Fases Difíceis" 15
2 • O Que Ter em Mente Quando Se Está Numa "Fase Difícil" 19
3 • Pense em Como Você Se Situa em Relação ao Todo 24
4 • A Chance de Descobrir um Novo Eu 36
5 • Como Lidar com as Fases Ruins 48
6 • Superar o "Pior Cenário Possível" 60

Capítulo Dois
Vencer as Provações
Como Viver uma Vida Sem Arrependimentos 67

1 • "Vencer as Provações": uma Postura Mental Muito Importante 69
2 • O Aprendizado em uma Empresa de Comércio Exterior 77
3 • O Desafio de Realizar Tarefas Não Familiares 87
4 • Nunca Abandone Seus Ideais 94

Capítulo Três
Dando Origem à Virtude
Abandone o Ego e Siga a "Vontade Divina" 101

1 • Olhe-se de uma Perspectiva Mais Ampla 103
2 • Esforce-se para Não Ser Condicionado pelas Leis do Mundo Animal 107
3 • Como Enxergar o Verdadeiro Eu das Pessoas 115
4 • Desenvolva uma Consciência de Si do Ponto de Vista do Público, Adequada à Sua Posição 120
5 • A Virtude Que os Quatro Grandes Santos Mostraram à Humanidade 131
6 • Como Tornar-se uma Pessoa Virtuosa 138

Capítulo Quatro
Os Invencíveis
Como Viver Além das Vitórias e Derrotas Deste Mundo 145

1 • Por Que É Difícil Compreender a Verdade? 147
2 • A Era Moderna Coloca Sua Fé na "Razão" 151
3 • A Renúncia do Buda Shakyamuni e o Fim de Sua Nação 157
4 • Porque Ocorrem Incidentes Absurdos Neste Mundo 164
5 • Persevere nas Situações em Que Não Obtém Aprovação 171
6 • "Mensageiros de Deus" Que Deram a Vida pela Verdade 175
7 • As Pessoas Que Vivem para a Verdade São Invencíveis 179

Capítulo Cinco
Invertendo o Senso Comum
A Força da Verdade Abrirá uma Nova Era 187

1 • Superando o Senso Comum 189
2 • O "Senso Comum" do Mundo Religioso Vai Contra a Vontade de Deus 194

3 • A Relação Entre a "Investigação Científica" e a "Verdade Espiritual" 200
4 • O Poder da Verdade Destrói a Visão Incorreta Existente no "Senso Comum" 209

Pósfácio 215
Sobre o Autor 217
Sobre a Happy Science 219
Contatos 221
Outros Livros de Ryuho Okawa 225

Os textos deste livro são uma compilação de palestras proferidas por Ryuho Okawa nas seguintes datas:

Capítulo 1: Como Superar as "Fases Difíceis" – 8 de maio de 2002, na sede da Happy Science em Tóquio, Japão.
Capítulo 2: Vencer as Provações – 20 de julho de 2013, no Sagrado Santuário da Grande Iluminação em Taigokan, Tóquio, Japão.
Capítulo 3: Dando Origem à Virtude – 19 de abril de 2013, na sede da Happy Science em Tóquio, Japão.
Capítulo 4: Os Invencíveis – 21 de fevereiro de 2013, na sede da Happy Science em Tóquio, Japão.
Capítulo 5: Invertendo o Senso Comum – 24 de março de 2013, no Templo Central Shoshinkan-Sohozan, Tochigi, Japão

Prefácio

Para se tornar um líder espiritual e religioso, um indivíduo precisa, por sua própria vontade e vocação, ter se submetido a um rigoroso treinamento espiritual. Por isso, uma das disciplinas indispensáveis para o aprimoramento é a "força da perseverança".

No início, é preciso resistir à oposição dos próprios pais, irmãos, esposos e parentes; depois, suportar as fofocas e os comentários ofensivos de vizinhos e colegas, as reclamações de clientes e as críticas mal-intencionadas das revistas.

Além disso, é necessário perseverar diante da maneira de agir dos grandes jornais e canais de televisão, que insistem em desvalorizar e ignorar nossos esforços, por maiores que sejam. Às vezes, também temos de nos manter firmes ante a pressão de órgãos governamentais e de políticos.

Como se tudo isso não bastasse, à medida que uma organização religiosa cresce, surgem situações nas quais a missão de algumas pessoas desse grupo se encerra. É necessário atuar com firmeza para que essas pessoas, a partir de fora, não atrapalhem os seguidores competentes que vêm depois delas, criando obstáculos para a organização.

Enfim, para que a Luz da Verdade seja protegida por toda a eternidade, temos de continuar lutando e superar o senso comum da sociedade, dos acadêmicos e das religiões tradicionais. Desejo que os exemplos de grandes personagens da história que mencionei nestas páginas sirvam de incentivo para seu coração.

Ryuho Okawa
Dezembro de 2013

Um Guia para o Coração

Por Mais Que Esteja Sofrendo

Procure não reclamar
Nos momentos de sofrimento.
A vida nem sempre é um caminho plano.

Todos sofrem
Ao escalar uma montanha.
Por isso, chegará um tempo
Em que será necessário perseverar.

Assim como uma mola
Que, para se expandir bem,
Precisa se contrair bem,
Primeiro é preciso armazenar energia,
Para depois crescer.

Infelizmente
As folhas caem
No outono,
Mas isso não é o fim.

Embora possa parecer que todas se perderam,
Os brotos para a próxima primavera

As Leis da Perseverança

Estão silenciosamente repousando à espera.
Tudo está sendo preparado cuidadosamente
No âmago da vida invisível.
Por isso,
Por mais que esteja sofrendo,
Procure não reclamar.
E continue a armazenar energia
Enquanto aguarda pela próxima oportunidade de alçar voo.

Capítulo Um

Como Superar as "Fases Difíceis"

Para Aqueles Que Querem Melhorar Sua Sorte

Como Superar as "Fases Difíceis"

Todas as Pessoas Enfrentam "Fases Difíceis"

Fases Difíceis Podem Surgir em Diversas Situações

O tema deste capítulo é "como superar as fases difíceis". Uma "fase difícil" significa um período de "desempenho fraco" ou de "declínio nos resultados". De modo geral, usa-se a expressão "entrar numa má fase" quando alguma coisa que estava indo muito bem de repente passa a andar mal.

Em relação aos estudos, diz-se que as crianças ou estudantes estão passando por uma "má fase" quando repentinamente um aluno que apresentava boas notas tem uma queda brusca nos resultados, ou quando um aluno de atletismo de repente começa a ter um desempenho fraco. Por exemplo, num time de futebol do colegial, há épocas em que um artilheiro simplesmente não consegue mais fazer gols. Atletas que eram reconhecidos por bons resultados num torneio regional podem ficar muito nervosos em competições nacionais, perdendo muitas oportunidades, não conseguindo atuar como antes. No mundo dos esportes, fases como essas são comumente chamadas de "má fase".

"Fases difíceis" também podem ocorrer no trabalho. Em nosso trabalho numa empresa, há períodos em que, de repente, não conseguimos fazer nada direito. Todo mundo já deve ter vivenciado fases assim, em que, de uma hora para a outra, as coisas passam a não andar bem, embora tudo estivesse fluindo normalmente até então. Claro, se a economia também estiver em declínio e se as empresas e as pessoas por toda a parte também estiverem enfrentando condições difíceis, talvez essa queda nos resultados seja até considerada normal.

No entanto, há situações em que uma pessoa entra num período de baixo desempenho, embora à sua volta nada tenha mudado. Por exemplo, as vendas despencam e não se consegue apresentar nenhuma boa ideia nas reuniões de planejamento, ou, mesmo que se consiga, elas não são tão boas para ir adiante. Quando nos encontramos numa boa fase, todas as nossas ideias se transformam em produtos que vendem bem. Mas, às vezes, isso para de acontecer.

As fases difíceis também ocorrem nos relacionamentos pessoais. Às vezes, um bom relacionamento pode começar a se deteriorar quando se dá um passo em falso. Depois, de uma hora para outra, passamos a nos desentender com vários amigos e acabamos ficando isolados. Há períodos em que os relacionamentos pessoais parecem insatisfatórios e perdemos a confiança em tudo. Claro, se olharmos para a situação como um todo, vamos perceber que existem outros fatores interagindo.

Essas fases ocorrem não apenas com indivíduos, mas também com grupos. No futebol, por exemplo, há épocas em que o desempenho do time inteiro cai, e nas empresas, há períodos em que uma organização inteira começa a trazer poucos resultados. Uma má fase coletiva, em geral, pode ocorrer quando dentro de uma organização se estimulam os mesmos valores e atitudes entre seus membros. Neste capítulo, darei maior enfoque nos problemas decorrentes das "más fases pessoais".

Como Superar as "Fases Difíceis"

"Ciclos de Boa Sorte" Que São Colocados na Nossa Experiência de Vida

Muito se discute sobre sorte e destino, pois desde os tempos antigos sabe-se que a sorte e o destino variam na nossa vida como se fossem marés. Isto é, há épocas em que as condições melhoram muito e tudo funciona bem, e épocas em que as coisas pioram muito e os resultados são ruins. Por esta razão, diversas formas de "leitura da sorte ou do destino" se tornaram populares, dentre as quais existe a teoria de que essas "marés" alternam em ciclos de doze anos.

Recentemente, até mesmo o "biorritmo" tem sido usado por empresas de seguro de vida para aumentar suas vendas. Talvez você já tenha ouvido discursos de vendas como: "A vida das pessoas está sujeita a variações conforme as ondas do biorritmo, que são calculadas tomando-se por base sua data de nascimento. Considerando sua data de nascimento e outros elementos, como o seu horóscopo, elas indicam que sua sorte será de um tipo ou de outro".

O biorritmo difere das modalidades habituais de adivinhação do futuro, pois consiste na análise das ondas de variação das condições fisiológicas ou corporais, permitindo identificar os períodos em que o nível de energia está em baixa. Obviamente, os ciclos de energia variam de uma pessoa para outra, mas existe uma crença de que, conhecendo-se as variações desses ciclos, é possível se preparar um pouco melhor.

No entanto, gostaria de alertar que, se as pessoas se prenderem demais a esse tipo de pensamento, desenvolverão ideias preconcebidas que podem ser muito prejudiciais. Portanto, se alguém lhe disser: "Atualmente você está se en-

As Leis da Perseverança

caminhando para um ciclo ruim" e você aceitar esse tipo de sugestão, haverá situações em que isso realmente se tornará verdade. Aqueles que acreditam em previsões do futuro são facilmente influenciáveis por sugestões negativas, então é preciso ter cuidado para não deixar que isso aconteça.

Ao longo da história, muitas pessoas conseguiram perceber, até certo ponto, a existência de ciclos ou marés de sorte. Mas é muito difícil que alguém consiga explicar de maneira lógica e precisa o funcionamento dessas marés. Se as pessoas pudessem compreender exatamente como essas coisas funcionam, poderiam melhorar muito o resultado de seus negócios e de outros aspectos da vida. No entanto, essas variações ainda são um grande mistério, por isso há tanta especulação sobre o assunto.

Seja como for, neste capítulo desejo falar sobre como devemos pensar, agir e até viver quando estamos passando por uma fase difícil.

Como Superar as "Fases Difíceis"

O Que Ter em Mente Quando Se Está Numa "Fase Difícil"

Aqueles Que Se Destacam Estão Mais Sujeitos a Quedas

Alguns dos meus leitores podem dizer que nunca vivenciaram uma fase ruim na vida. Sem dúvida, é uma verdadeira maravilha que existam pessoas assim, que vivem sempre numa condição excelente e que sempre se saem bem. Valorizo muito essas pessoas e tenho certeza de que os outros não podem fazer outra coisa a não ser aplaudi-las também. No entanto, gostaria de dizer que em muitos casos, aqueles que nunca entraram numa fase difícil talvez estejam levando uma vida muito comum, por isso raramente vivenciam períodos de baixa. Nesse sentido, nunca ter passado por uma fase ruim não significa necessariamente que seja algo bom.

Pessoas que raramente estudam, se exercitam ou trabalham como deveriam, e que não dão valor aos relacionamentos pessoais e simplesmente vivem a vida como uma água-viva flutuando sem rumo no oceano, talvez nunca vivenciem uma fase ruim de verdade. Por favor, se esse for o seu caso, não me entenda mal.

Afinal de contas, fases ruins podem ser sentidas pelas pessoas que normalmente possuem um desempenho supe-

As Leis da Perseverança

rior ao das outras, que são admiradas por sua capacidade ou seu trabalho, e que repentinamente passam a notar uma queda em seu desempenho. É nessa hora que elas sentem que entraram num período difícil.

No futebol, por exemplo, se um atacante normalmente nunca acerta mais de 10% dos chutes na direção do gol ou dos passes que dá, pode alegar que está "numa má fase", mas, na verdade, não se trata de uma fase ruim, e sim de falta de talento. Não importa o quanto ele possa ficar se lamentando: "O que será que está acontecendo? Devo estar passando por uma fase ruim. Simplesmente não consigo acertar meus chutes". O fato é que ele desde o início não tinha habilidade de "bater bem" na bola. Assim, considera-se uma má fase quando um atacante que geralmente acertava 30% ou 50% das bolas e por um tempo não está conseguindo mais. Então, por favor, não se confunda em relação a esse ponto. Se há algum problema fundamental com sua habilidade básica, você deve praticar para melhorá-la, em vez de ficar reclamando e dizer que está numa fase ruim.

A fase ruim ocorre quando uma pessoa com certo grau de habilidade, que normalmente conduz seu trabalho com boa disposição, começa a apresentar uma queda no desempenho. Períodos de crise também ocorrem com pessoas que estão sempre perseguindo ideais elevados e que cobram muito de si – os perfeccionistas, que só ficam satisfeitos quando conseguem o máximo nos estudos, no esporte ou no trabalho.

Nesse sentido, os membros da Happy Science devem ter especial cuidado, pois muitos são pessoas idealistas, em busca da realização de ideais elevados. No entanto, podem se sentir desapontados quando não conseguem realizar um grande trabalho.

Com certeza, muitos fatores podem dar origem a uma fase difícil, e as pessoas acabam sofrendo pensando: "Puxa, estava tudo correndo tão bem, mas, desde o início deste ano, de repente as coisas pararam de dar certo".

Assim, muitas pessoas podem entrar nessas fases ruins, mas é preciso compreender que o motivo pelo qual elas entram numa má fase é que, em algum aspecto, são pessoas excepcionais. Por isso, antes de mais nada, precisam se conscientizar disso.

Talvez essas pessoas possuam algo fora do comum, alguma excelência, alguma coisa que as outras não têm, que talvez seja seu talento, sua habilidade de realizar determinada coisa, sua aspiração ou seus ideais. Ou talvez elas estejam fazendo um esforço para se tornarem assim. É por isso que experimentam essas fases difíceis.

Crises Acontecem com Aqueles Que Têm Melhor Desempenho

Quando as coisas não estão indo bem, as pessoas tendem a rejeitar a si mesmas, passam a achar que não são boas e sentem-se insatisfeitas com tudo o que fazem. Elas mesmas às vezes acabam entrando num beco sem saída, se deprimem e chegam a ponto de cometer suicídio.

Muitas vezes isso ocorre com as pessoas mais talentosas e capazes. Na realidade, como se sentem superiores, ao ver que não conseguem enxergar nenhum caminho à frente, elas sentem um forte desejo de se matar. É uma questão de atitude mental; portanto, é preciso ter muito cuidado para não chegar a esse ponto.

As Leis da Perseverança

Ao que parece, na atualidade, muitas das pessoas que cometem suicídio pertencem à elite. A elite acadêmica ou empresarial em geral está numa trajetória de rápida ascensão. Quando essas pessoas são superadas por colegas que entraram na empresa na mesma época, são rebaixadas ou encontram algum tipo de dificuldade, entram de repente em desespero e acabam decidindo colocar um fim à própria vida.

No Japão, por exemplo, os suicídios muitas vezes ocorrem nos locais de trabalho, onde se concentram elites exclusivas, acima da média da população. Ouvi falar que, em um determinado órgão governamental, nada menos que 10% dos novos funcionários cometem suicídio. Em certas circunstâncias, pessoas consideradas "talentosas" de uma perspectiva terrena se frustram com facilidade e preferem morrer.

A razão que elas alegam para se suicidar pode parecer insignificante para o mundo em geral. Mas, na realidade, o que ocorre é que elas comparam seu sucesso ou fracasso com um grupo reduzido de pessoas. É como se um grupo estivesse competindo para alcançar o topo do Monte Fuji e, a partir da oitava estação, começam a ficar preocupadas com quem irá chegar na frente. No entanto, nem perceberam que a maioria das pessoas nem sequer conseguiu chegar à oitava estação; pois em geral elas desistem entre a terceira e a quinta. Contudo, aquelas dez ou vinte pessoas que alcançaram a oitava estação coberta de nuvens competem para alcançar o topo e, se são ultrapassadas, passam a reclamar dizendo: "Ela é mais rápida do que eu. Não suporto perder, que vergonha, talvez seja melhor acabar com a minha vida aqui mesmo". Tragédias assim são muito comuns. Em geral, ocorrem com pessoas que pensam muito rápido e interpre-

Como Superar as "Fases Difíceis"

tam o resultado rápido demais. Então, quando sentem que vão perder, decidem acabar com tudo.

Essas pessoas não são capazes de superar momentos difíceis apoiando-se apenas em sua capacidade de tirar boas notas nas provas e precisam da força da religião. Precisam tornar-se mais fortes e conseguir perseverar nos momentos difíceis. Do contrário, não haveria razão para que tivessem nascido neste mundo. É triste que algumas julguem sua vida inteira apenas com base nos resultados da competição dentro de um mundo limitado.

Também há casos de pessoas bem-sucedidas em sua ocupação principal que acham muito difícil suportar fracassos em outras áreas. Elas ficam deprimidas por questões que outras pessoas consideram triviais. Um exemplo são os vários tipos de problemas de relacionamento, com amigos, pais, esposas, crianças ou vizinhos. Às vezes, as pessoas enfrentam dificuldades nesses relacionamentos e sofrem com assuntos que para outros parecem insignificantes. Como resultado, isso pode afetar sua ocupação principal e até arruinar o que elas conquistaram. É comum isso acontecer, portanto, é preciso estar atento a isso.

É claro, quando as pessoas entram numa fase difícil, podem achar a situação patética, comparada com a glória passada ou seus ideais. Entendo bem esse sentimento. Mas, como primeiro ponto, por favor, reconheça e aceite o fato de que as pessoas que vivenciam tais crises são geralmente aquelas que têm uma personalidade que supera os demais.

Pense em Como Você Se Situa em Relação ao Todo

Adote um Ponto de Vista Estatístico

Quando estão enfrentando uma fase ruim, as pessoas tendem a se desvalorizar demais. É porque comparam sua situação atual com a que viviam quando estavam em seu melhor, ou porque comparam seu eu atual com seu eu ideal. Se compararem a si mesmas com o restante da humanidade, ou com todas as pessoas do seu país, ou com o conjunto de todos os homens ou todas as mulheres, verão que não são absolutamente um caso perdido.

Ninguém, em parte alguma, pode julgar que elas não são boas. Elas podem pensar em si mesmas como "o pior dos homens", "a pior das mulheres" ou "o maior perdedor da história da humanidade". Mas ninguém tem condições reais de fazer esse tipo de avaliação. Por exemplo, um homem pode se sentir arrasado quando é repreendido duramente por seu chefe e ouve-o dizer: "Esse seu trabalho está horrível. Não passa de um monte de lixo!" ou quando a mulher que ele ama o rejeita. Ele pode se ver como a pessoa mais patética que já existiu na face da Terra e se sentir totalmente desamparado.

Nessas horas, recomendo que a pessoa pense em si mesma de um ponto de vista estatístico. Isso vai mostrar

Como Superar as "Fases Difíceis"

bem o quanto ela pode estar se julgando de modo incorreto. Se, dentro de um mundo ou grupo social limitado, ela se achar "um perdedor", "o pior de todos" ou "um caso perdido como ser humano", precisa tentar ampliar seu campo de visão e olhar para si como se fosse através de uma lente grande-angular.

Em que posição você se situa se comparado a um grupo maior? Como se posiciona entre as pessoas da sua idade? Onde está em relação às pessoas que se formaram na mesma escola que você ou entre aqueles que trabalham na mesma área?

Por isso, eu gostaria que tais pessoas adotassem uma perspectiva um pouco mais ampla. Em seguida, peço que pensem com cuidado para saber se a situação é de fato tão ruim quanto, por exemplo, a de alguém que foi atingido por um meteorito.

Verifique se Seu Ponto de Vista É Apropriado em Termos de Probabilidade

Uma pessoa pode estar sofrendo porque não conseguiu ser promovida a chefe de seção, embora já tenha 40 anos de idade. Mas é preciso saber que, numa empresa, nem todo mundo pode chegar a chefe de seção. Em geral, dependendo do porte da empresa, é muito difícil dizer quantas pessoas serão capazes de se tornar chefes de seção.

Numa grande empresa, nem mesmo uma em cada dez pessoas pode chegar a esse cargo, ou talvez nem uma entre vinte. Há também empresas que precisam de poucos funcionários de gerência e, ao contrário, requerem muitos engenheiros especializados, pessoal administrativo e pessoal

As Leis da Perseverança

da produção. Quando se trabalha numa empresa assim, ao entrar nela já deveria saber que apenas uma em dez ou vinte pessoas poderia chegar a um cargo superior. Esse número já devia ser óbvio há vinte anos. Quando alguém decide entrar numa empresa, no fundo já deveria saber em alguma medida que, mesmo que não consiga chegar a chefe de seção, isso não significa que seja incompetente.

Claro, em empresas de serviços o número de pessoas que conseguem promoções é comparativamente maior, e em empresas comerciais ou bancos há tantos chefes de seção que estamos sempre esbarrando com algum. Mesmo assim, apenas cerca de metade dos funcionários consegue atingir um cargo superior, o resto não. Ou seja, conforme o tipo da instituição, podemos ter uma ideia aproximada de quantas pessoas serão promovidas a partir de uma visão geral dessa empresa.

Quanto à probabilidade de se tornar um executivo ou membro de diretoria, ela é ainda muitíssimo menor. Em algumas empresas, apenas uma dentre as pessoas que entraram na mesma época consegue se tornar executivo ou membro da diretoria; em outras, talvez três. Há empresas que promovem apenas um executivo ou membro de diretoria a cada três ou cinco anos mais ou menos.

Ao examinar a situação de sua empresa estatisticamente, você pode ter uma ideia da sua probabilidade de se tornar executivo sênior; por isso, é aconselhável fazer esse cálculo. Você pode achar que é um fracasso por não ter conseguido a presidência da empresa. Mas, se sua empresa tem mais de 5 mil funcionários, não há praticamente nenhuma chance disso. Se a empresa onde você trabalha é grande desse jeito, não há como você se tornar presidente contando apenas com sua capacidade.

Como Superar as "Fases Difíceis"

Se o seu chefe, por exemplo, se mantém durante dez anos no cargo, por mais capaz que você seja, haverá pouquíssima possibilidade de sucedê-lo. Talvez consiga a promoção se ele se aposentar no tempo certo, mas enquanto ele se agarrar ao cargo, você não terá nenhuma chance. Isso ocorre porque, por mais elite que você seja, não exerce nenhuma autoridade sobre as pessoas que estão acima de você. Mesmo que alguém seja capaz de lidar bem com os subordinados, não tem como controlar os superiores.

Assim, é possível que você não consiga se tornar presidente da empresa pela simples razão de que uma pessoa competente já ocupou o cargo uns dois anos antes de você. Não é uma questão somente de capacidade. Se uma pessoa talentosa está dez anos à sua frente, você talvez tenha a chance de ser promovido por causa da diferença de idade, mas se tiver um superior talentoso apenas um ou dois anos à sua frente, isso vai reduzir muito suas chances de se tornar presidente.

Isso pode acontecer mesmo que uma pessoa com menor capacidade que a nossa tenha sido promovida à presidência. Como há uma ordem de precedência, é quase impossível se tornar presidente quando se trabalha numa empresa com centenas de funcionários. Em termos objetivos, trata-se às vezes de uma questão de sorte.

E mesmo que você de fato se torne presidente, isso não quer dizer que será feliz. A empresa pode estar indo à falência, e então você se verá em enormes dificuldades.

Seja como for, é possível você ter uma boa ideia da sua probabilidade de se tornar um executivo. Para isso, você precisa avaliar o nível de promoção que seria razoável em seu caso. Se ser promovido é o seu problema, sem dúvida esta é

As Leis da Perseverança

uma questão que precisa ser analisada seriamente. É preciso ser objetivo ao avaliar suas chances de promoção, procurando ver isso também da perspectiva de outras pessoas ou a partir do quadro geral. Depois disso, talvez você descubra que sua posição atual, afinal de contas, até que é bem razoável.

Promoções às Vezes Dão Origem a Períodos Críticos

Existem pessoas que eram brilhantes como subordinados, mas que, ao se tornarem gerentes, não apresentam o conhecimento adequado. Ou seja, há muitas pessoas que são brilhantes seguindo ordens como subordinados, mas quando se tornam chefe de seção, ou gerente-geral, não conseguem desempenhar bem a função. Isso porque entram em jogo outras regras e são exigidas habilidades diferentes.

Por exemplo, algumas pessoas são promovidas rapidamente a cargos superiores, tornando-se a primeira do seu grupo de colegas a chegar tão longe, mas depois não conseguem ter bom desempenho. Este tipo de pessoa pode ter sido muito eficiente do ponto de vista do chefe: tão logo lhe era atribuído um trabalho, ela respondia "Pois não!" e concluía a tarefa com presteza. Só que, quando se trata de tomar decisões diante de determinada situação, ela não tem nenhuma ideia de como fazer isso. Na verdade, as capacidades exigidas passaram a ser de outro tipo.

Apesar de ter sido promovida rapidamente, depois de alcançar certa posição ela se vê incapaz de fazer seu trabalho. Para ela, isso pode parecer um enigma. Pode até fazer com que sinta vontade de se atirar de uma ponte. Embora tenha sido a primeira entre centenas de contratados a alcançar a um cargo mais alto e de achar que um dia poderia ser presidente da empresa, depois de promovida essa pessoa de repente se mostra incompetente. E, por causa disso, pode ficar com má reputação e acabar não confiando mais em si mesma.

As "Habilidades Exigidas" Mudam de Acordo com o Cargo

Em resumo, cargos mais elevados exigem capacidades específicas. Até então, o tipo de habilidade exigida era simplesmente executar a tarefa pela qual era responsável, em vez de saber liderar e conduzir as pessoas para obter melhores resultados.

Alguém que se destaca em cumprir tarefas às vezes descobre, ao ser promovido, que é incapaz de fazer bom uso de seus subordinados. Como essa pessoa logo pensa de que modo faria eficientemente determinado trabalho, acaba mandando que seus subordinados façam as coisas desse modo. Mas os outros não são como ela e não conseguem fazer isso. Então, pela primeira vez, a pessoa enfrenta o seguinte problema: como conseguir que o trabalho seja feito usando pessoas que têm apenas metade ou um terço da sua habilidade, e às quais ela nunca havia prestado atenção antes.

Claro, pelo fato de ser mais competente que os outros, ela foi promovida primeiro. Mas, naturalmente, conforme ascende na hierarquia corporativa, vai ter de contar com gente que tem metade ou um terço da sua habilidade. Talvez se sinta tentada a resolver o problema demitindo pessoal, mas isso não é tão fácil assim, porque ela não tem como montar uma equipe de subordinados com capacidades equivalentes à dela. Se todos os seus subordinados tivessem a sua competência, ela não teria sido promovida. Obteve a

As Leis da Perseverança

promoção por ser mais talentosa que os demais, então terá de contar com pessoas que não têm a mesma capacidade. Quer os subordinados tenham metade ou um terço do talento dela, se ela os deixar ociosos, a contribuição deles será zero. Se ela não só deixá-los ociosos mas também permitir que obstruam o fluxo de trabalho, a contribuição deles será negativa. Assim, mesmo que seus subordinados tenham apenas metade ou um terço da sua habilidade, ela precisará fazer com que trabalhem, senão a empresa não obterá nenhum retorno pelo salário que lhes paga.

Nessas horas, se ela não conseguir mudar seu modo de pensar e ficar apenas irritada porque os subordinados não conseguem fazer o trabalho do mesmo jeito que ela faria, vai continuar incapaz de usar sua equipe. Naturalmente, os funcionários vão sentir que seu chefe não aprecia seu trabalho, e como resultado as relações entre eles vão piorar.

Finalmente, esse chefe vai se cansar disso, vai parar de delegar o trabalho aos subordinados e, como chefe de seção, vai assumir todo o trabalho sozinho e dizer: "Vejam como eu dou duro! Preciso ser valorizado!". Como chefe, vai tentar fazer o trabalho de dez pessoas, mas como tem apenas um corpo, mesmo que trabalhe sem parar o dia inteiro, não há como trabalhar por dez pessoas. Vai acabar prejudicando sua saúde e terminar estressado ou sendo hospitalizado. Essas são as "tragédias da gerência de nível médio" que ocorrem na faixa de chefes de seção e gerentes-gerais.

Na verdade, um chefe de seção é obrigado a desenvolver habilidades diferentes. Nos esportes, costuma-se afirmar que um grande jogador não se torna necessariamente um grande treinador. Se ele tem de usar pessoas mais medíocres do que ele, ou pessoas com deficiências óbvias, é crucial que elas sejam motivadas a dar o seu melhor.

Essencialmente, antes de se tornar um chefe, você precisa compreender o trabalho de um chefe e observar como as pessoas acima de você fazem uso de seus subordinados. Portanto, antes de mais nada, é preciso aprender a ser um líder. É essencial dedicar-se a aprender isso por dois ou três anos. Se for promovido sem essa preparação, a tragédia será iminente.

É triste que as pessoas tenham de enfrentar essas situações, mas isso também demonstra que sua capacidade é restrita. Elas chegam ao limite da sua capacidade quando lhes são exigidas habilidades diferentes. Cada grau da hierarquia corporativa – chefe, gerente, diretor-geral, executivo e outros cargos – requer capacidades diferenciadas. Então, precisamos compreender que, depois de promovido, nem sempre conseguiremos aprovação pelas mesmas qualidades que foram altamente reconhecidas e nos levaram à promoção anteriormente.

Capacidades Que Aparecem Somente Depois de uma Promoção

Há também o caso oposto, quando uma pessoa muito competente não consegue demonstrar sua capacidade nos primeiros três ou cinco anos de trabalho porque faz apenas trabalhos burocráticos. Embora seus superiores saibam que isso pode acontecer com frequência, a pessoa fica frustrada por não conseguir se sobressair fazendo trabalhos burocráticos.

Por exemplo, hoje em dia muitas pessoas com diploma superior não sabem fazer bom uso de calculadoras financeiras, nem fazer escrituração contábil, a menos que tenham se especializado na área financeira. Então, se entram numa empresa dessa área e de repente precisam usar essas calculadoras, é claro que não saberão fazer isso tão bem. Muitas delas sofrem durante anos porque têm de fazer algo que nunca estudaram.

Quando se trata de trabalho burocrático de escritório, você poderá descobrir que muitas pessoas conseguem fazer melhor do que você. Por isso, no caso de pessoas que estudaram matérias mais avançadas, em geral suas habilidades só são reconhecidas depois de anos. Se você se enquadra nessa situação, deve compreender isso de antemão. Quando atinge uma função em que fica encarregado de outras pessoas, precisa usar capacidades que exigem discernimento para tomar decisões. Mas essas habilidades não são realmente necessárias nem valorizadas enquanto você ainda lida apenas com tarefas gerais. Nesse estágio, o que você precisa ter é firmeza e constância; em outras palavras: força para perseverar.

Abra os Olhos para o Quadro Geral e Evite uma Visão Míope

Nos tópicos anteriores, abordei dois pontos: primeiro, que muitas das pessoas que enfrentam fases difíceis possuem personalidade superior. Segundo, que quando nos sentimos perturbados por estar enfrentando uma fase difícil, devemos analisar o quanto somos competentes em relação ao conjunto da sociedade.

Isso se aplica não só a empresas, mas também a escolas. Por alguma razão, alunos mais brilhantes querem ir para

Como Superar as "Fases Difíceis"

faculdades que reúnem alunos brilhantes, então escolhem uma que seja frequentada por centenas desses alunos, mesmo que isso os obrigue a conviver com um sentimento de inferioridade. A questão é por que escolhem ir para lá, já que isso só vai servir para que desenvolvam um complexo de inferioridade? Embora pudessem ir para outras escolas, ao verem alunos mais brilhantes que eles se concentrando em determinada escola, também querem ir para lá. Como resultado, serão importunados ou não conseguirão acompanhar o ritmo e totalmente sobrepujados.

Os cursinhos preparatórios hoje em dia classificam os alunos minuciosamente segundo os seus resultados e sugerem as escolas mais apropriadas às notas que tenham obtido. Os alunos tendem a mirar muito alto e prestar vestibulares para escolas de nível mais elevado, na esperança de ter a sorte de passar. Mas mesmo que consigam passar no exame, em muitos casos não conseguirão estar à altura do ritmo do ensino, e sem dúvida isso vai exigir muita perseverança, pois atravessarão um período difícil depois de entrar nessas escolas.

Em termos gerais, é equivalente a querer entrar numa grande corporação. Da mesma forma que as pessoas são admiradas porque trabalham para uma empresa famosa, se forem para uma escola de prestígio serão elogiadas. É por isso que querem entrar em tais escolas, mas se serão felizes ou não com essa escolha, isso já é outra história.

Muita gente vem competindo desde que entrou no jardim da infância ou na escola elementar, e às vezes continua fazendo isso quando trabalha numa empresa. Essas pessoas parecem ter embarcado num trem expresso para a infelicidade.

As Leis da Perseverança

É muito comum que as pessoas pressionadas por uma competição excessiva acabem desenvolvendo problemas mentais ou físicos, como doenças psicossomáticas, e é comum que vivam completamente exauridas. Por isso, mesmo que sejam formadas por uma universidade de primeira categoria, depois que entram numa empresa, elas enfrentam grandes barreiras: não conseguem apresentar nenhuma boa ideia para melhorar o trabalho, estão sempre em má forma e não alimentam bons sonhos. Na realidade, há muitas pessoas assim, mas elas continuam inutilmente competindo com as outras, acreditando que só vão ganhar se puderem subir para um patamar de elite. Vejo com muita tristeza a condição dessas pessoas.

Elas tendem a ser assim talvez porque só consigam enxergar as coisas de uma maneira restrita, míope; então, recomendo que ampliem seu campo de visão um pouco mais. É melhor mudar esse comportamento e buscar novos desafios.

Também é importante não se forçar demais. Recentemente, alguns cursinhos preparatórios se conscientizaram disso, e dão aos alunos conselhos como: "Não exija demais de você. É melhor escolher uma universidade um nível abaixo. Você vai achar mais fácil estudar lá". Eles já viram muitos casos de alunos que haviam feito um grande esforço para entrar em sua primeira opção, mas depois não conseguiram acompanhar o nível dos demais, desistindo. Sem dúvida, há aspectos positivos numa sociedade competitiva, porém muitas pessoas acabam sendo esmagadas cedo demais por ela. Por isso, recomendo que você considere esses aspectos com muita atenção.

O mesmo vale para as empresas. Se você escolhe uma empresa ferozmente competitiva, é bem pouco prová-

Como Superar as "Fases Difíceis"

vel que consiga uma promoção, ao passo que, se você entra numa empresa que ocupa um lugar um pouco abaixo na classificação, terá maior possibilidade de ser promovido. Mas, é claro, se você almejar baixo demais, também é provável que fique insatisfeito trabalhando lá.

De qualquer modo, é melhor olhar para a situação no contexto geral. Não é bom considerar as coisas dentro dos limites de um mundo estreito. Por exemplo, conforme crescemos, ficamos conscientes de que a classificação que as pessoas conseguem em testes padronizados não indica necessariamente sua capacitação. Se os testes fossem feitos toda semana, os resultados seriam bem diferentes. Então, não faz sentido achar que classificações obtidas na época da escola se aplicam à vida toda. É preciso analisar bem esse ponto.

As Leis da Perseverança

A Chance de Descobrir um Novo Eu

"Culturas que Não se Adaptam às Mudanças dos Tempos" Estão Fadadas a Desaparecer

Atualmente as pessoas dizem que os valores sociais estão ruindo, mas na verdade é o sistema antigo que está entrando em colapso. No pós-guerra, com o forte crescimento nos países desenvolvidos, depois que as pessoas entravam para uma organização, sua posição estava garantida até a aposentadoria, do mesmo jeito que comprar um bilhete de trem na estação central permite a você viajar até o fim do percurso. Esse sistema fixo existiu por bastante tempo. No entanto, essa cultura agora está se desfazendo.

Muitas pessoas ainda preferem o sistema tradicional, de ter um emprego para a vida toda e de um sistema de aposentadoria. Elas não conseguem se adaptar aos novos tempos. No entanto, se não superarmos essa cultura, seremos incapazes de fazer frente aos tempos de mudanças.

Por exemplo, antigamente, a Marinha japonesa tinha um sistema de "classificação nas redes de dormir", em que um número era determinado com base na hierarquia da pessoa, definida por suas notas na época em que se formou na academia naval. Esse número era registrado em sua rede de dormir. Portanto, a hierarquia era decidida na época da graduação, e as promoções eram concedidas por ordem de precedência.

Como Superar as "Fases Difíceis"

Em tempos de guerra, porém, o fato de você se sair bem na batalha depende da sua capacidade, não das suas notas. Nem sempre a pessoa com melhores notas se sai melhor que as outras. Ao contrário, no combate de verdade, o resultado muitas vezes é o oposto. Em combate, é comum pessoas que não são tão intelectuais vencerem com base em seu instinto animal, enquanto as intelectuais perdem por pensar demais.

Na academia militar e naval japonesa, os cadetes eram obrigados a estudar e memorizar os detalhes de guerras passadas, e depois submetidos a testes. Portanto, quem tinha memorizado os eventos de guerras passadas podia responder certo e conseguir notas altas. Quando uma questão era sobre guerras passadas e como elas poderiam ter sido vencidas, eles conseguiam dar uma resposta detalhada. Na realidade, porém, ninguém, nem os professores, podem dar uma boa resposta a questões sobre guerras futuras. Ou seja, não há como avaliar a capacidade de um cadete em lidar com uma batalha que ainda não aconteceu. Embora seja um desafio muito difícil, a sociedade atual exige de nós a capacidade de lidar com eventos futuros.

Estrategistas Alemães Não Compreendiam Por Que "Ieyasu Tokugawa Venceu"

Vamos agora pegar um exemplo da história japonesa, a Batalha de Sekigahara[1], que ocorreu em 1600. Foi uma

---

1. A batalha de Sekigahara foi a batalha mais decisiva do período Sengoku, no ano 1600, travada em Sekigahara (na atual Província de Gifu). Na época, muitos senhores feudais (*daimyō*) se dividiram para lutar ou pelo exército ocidental ou pelo lado oriental. O exército oriental liderado por Ieyasu Tokugawa venceu, dando origem ao Xogunato Tokugawa.

As Leis da Perseverança

batalha importante entre o exército oriental do famoso Ieyasu Tokugawa[2] e o exército ocidental de Mitsunari Yashida[3]. Cada um assumiu sua posição no campo de batalha, com praticamente o mesmo número de soldados, embora houvesse um número um pouco maior no exército ocidental.

Mais tarde, na era do imperador Meiji (do final do século 19 ao início do século 20), alguns oficiais de estratégia militar alemã foram convidados para dar treinamento no Japão. Quando analisaram as formações dessa batalha, todos disseram que o exército ocidental iria vencer.

Os japoneses explicaram que não foi isso o que aconteceu. Devido ao ato de traição de alguns, o exército ocidental perdeu. Mas, ao que parece, os oficiais alemães insistiram: "Mesmo que houvesse traição, essa batalha deveria ter sido vencida pelo exército ocidental. Com essa formação de batalha, é inacreditável que o exército ocidental não tenha vencido. Taticamente falando, o exército ocidental deveria ter ganho. Não faz sentido ter perdido".

Embora a Batalha de Sekigahara tivesse ocorrido há mais de 400 anos, estrategistas modernos da Alemanha em seu ápice, cerca de 100 anos atrás, ao analisar as formações de batalha, concluíram que o exército ocidental deveria ter

---

2. Ieyasu Tokugawa (1543-1616): Fundador e primeiro xogum do período Tokugawa (do território Edo). Ieyasu foi nomeado xogum em 1603 e marcou o início do período Edo, que permaneceu no poder por mais de 260 anos até a Restauração Meiji.
3. Mitsunari Yashida (1560-1600): Comandante militar durante o período Sengoku. Liderou o exército ocidental na Batalha de Sekigahara, e foi derrotado pelo exército oriental de Tokugawa.

Como Superar as "Fases Difíceis"

vencido. Na verdade, nesses casos, nunca saberemos o resultado, a menos que a batalha seja realmente travada.

Ao observar esse ocorrido pela perspectiva espiritual e religiosa, vejo que a razão pela qual o exército oriental venceu deveu-se ao poder espiritual de Ieyasu Tokugawa. Em suma, existia uma diferença enorme entre os poderes espirituais desses líderes. Provavelmente, Mitsunari Yashida não tinha força espiritual suficiente, ou, em outras palavras, ele não tinha habilidade para cativar a alma das pessoas e trazer as chances de vitória para o seu lado. Ao contrário, Ieyasu Tokugawa possuía poder espiritual e força de vontade para conseguir isso.

Seja como for, as pessoas que possuem força para vencer é que irão vencer, e essa é uma força forjada no campo de batalha. Nesse sentido, por mais que se possa analisar cientificamente uma batalha e presumir qual exército irá ganhar ou perder dentro das condições de determinado terreno, das formações e do número de soldados, o resultado pode ser diferente quando a batalha é travada de fato.

O que mais conta num combate real é o instinto para a vitória. Afinal, Tokugawa já havia derrotado Hideyoshi Toyotomi[4] na Batalha de Komaki e Nagakute, quando Hideyoshi estava no auge de seu poder. Foi uma batalha menor, mas derrotar o poderoso general Hideyoshi tornou-se a fonte da confiança e do carisma de Tokugawa. De fato,

---

4. Hideyoshi Toyotomi (c. 1537-1600): Comandante militar durante o período Sengoku. Filho de um camponês, ele ganhou poder, unificou o Japão e foi promovido a *Kampaku*, conselheiro-chefe do imperador. Ele é famoso por sua conquista de poder.

depois disso, ele passou a ser conhecido como "o homem que derrotou Hideyoshi".

Naquela ocasião, isso produziu uma suposição geral de que, se nem o próprio Hideyoshi conseguira derrotar Tokugawa, muito menos os subordinados dele jamais seriam capazes de juntar tropas e vencer. Assim, todos naturalmente acharam que, já que o próprio general perdera para Tokugawa, ninguém de uma categoria mais baixa que ele seria capaz de derrotá-lo. Ou seja, embora os especialistas militares alemães acreditassem que o exército ocidental fosse vencer, ele acabou perdendo. Em um combate real, essas influências tornam-se forças consideráveis.

A Marinha americana triunfou adotando um sistema de promoções por mérito. No sistema japonês, as pessoas promovidas a comandante-chefe devido à sua classificação nos estudos na academia naval não conseguiam necessariamente ter sucesso nas batalhas. Em contraste, nos Estados Unidos, aqueles competentes na batalha eram promovidos de acordo com uma rigorosa meritocracia. Por exemplo, havia um cadete que não conseguiu mais do que notas medianas na academia naval; no entanto, tornou-se almirante. Em outras palavras, a Marinha americana promovia pessoas que eram fortes na situação real de combate; nesse sentido, ela mostrou-se superior.

Depois da guerra, o Japão mudou um pouco, talvez influenciado pelos Estados Unidos. Embora tenha persistido no país a cultura do tempo de guerra, que apoiava o sistema de promoções regulares com base no tempo de serviço, essa cultura agora está se desfazendo.

Como Superar as "Fases Difíceis"

O Que Fazer Quando os "Conceitos Antigos" já Não se Aplicam Mais

É importante se esforçar para adaptar-se às mudanças. Se você está enfrentando uma fase crítica, precisa saber que tipo de pessoa você é. Embora talvez se considere competente, é possível que tenha sido um bom corredor apenas quando havia um traçado predeterminado, onde todos conheciam o percurso. Talvez você não fosse capaz de exercer seus plenos poderes em caminhos não previamente demarcados.

Percorrer um caminho não trilhado exige a elaboração de novos valores, algo que os tipos acadêmicos têm dificuldade em fazer. Pessoas altamente inteligentes gostam de analisar padrões conhecidos, e depois ponderar e memorizá-los. Mas não são boas em produzir por conta própria respostas sobre eventos futuros. Isso porque o pensamento delas tende a ser inflexível demais, e elas se apegam muito aos velhos padrões.

Então, você precisa ter o poder de romper com os velhos padrões. Às vezes, os padrões antigos devem ser mantidos, mas quando necessário você precisa superá-los. Mesmo que tenha sido orientado por seu chefe a seguir os velhos padrões, deve habilmente destruí-los, se não sua empresa não irá crescer. Em tempos conturbados, exige-se esse tipo de capacidade.

Se você entrou em crise porque está num impasse em relação à sua capacidade ou aos velhos métodos de trabalho, então precisa mudar seu modo de pensar. Talvez você ache que seria melhor manter os velhos métodos que o levaram ao sucesso. Mas, se eles não funcionam mais e você se encontra numa fase difícil, provavelmente é hora de mudar seu jeito. Afinal, você é o único que pode atravessar o muro que está bloqueando seu caminho. Precisa, portanto, ter coragem de quebrar sua concha e se transformar.

Nós da Happy Science, por exemplo, somos considerados intelectuais, mas também temos um lado indomável, que nos impele a realizar ações "inimagináveis". Esta é a força da Happy Science. Ninguém sabe que lado vai prevalecer, por isso as pessoas de fora da organização não têm como prever nossas ações.

Contudo, isso é algo que estamos fazendo intencionalmente, do contrário logo entraríamos num beco sem saída. Se mantivéssemos sempre o mesmo padrão, todos ficariam confortáveis e tenderiam a padrões de pensamento similares o tempo todo.

Mas, se as circunstâncias mudassem, seríamos incapazes de vencer os obstáculos que aparecessem. É por isso que às vezes precisamos nos desfazer dos padrões antigos. Ousamos fazer coisas que a maioria das pessoas recusaria, revelando o nosso lado "indomável" ou agindo de forma inesperada, e assim estamos sempre tentando mudar a nossa mentalidade.

Então, se você se sente deprimido e num beco sem saída, acredito que é muito importante reconhecer nisso uma oportunidade para transformar a si mesmo.

Antes de Virar Borboleta, a Lagarta
Se Transforma numa Crisálida

A primeira coisa para você ter em mente quando está numa fase crítica é tornar-se consciente do fato de que tem qualidades excepcionais.

Como Superar as "Fases Difíceis"

A segunda é avaliar sua classificação em termos gerais. Quero que você olhe para sua posição estatisticamente. Por exemplo, se você é um vestibulando, pense em como se classificaria entre dezenas de milhares de estudantes, e não apenas dentro do âmbito de um grupo específico ou dentro da escola almejada. Se estiver trabalhando numa empresa, pense na posição média dos milhares ou dezenas de milhares de funcionários. Ou seja, eu ressalto aqui a importância de se levar em conta esse quadro geral.

O terceiro ponto que destaco é que às vezes o sucesso não pode ser alcançado se você fica preso a métodos antigos. Algumas pessoas não percebem isso e ficam se debatendo quando entram numa fase ruim, achando que chegaram a um beco sem saída ou que caíram numa armadilha da qual nunca mais conseguirão sair. Foi por isso que eu disse para encarar o período de dificuldades como uma chance para descobrir um novo "eu", uma oportunidade de se transformar e inovar. Em outras palavras, embora você possa pensar que está em mau estado, talvez não seja esse o caso e precise apenas mudar seus métodos ou descobrir um novo eu.

Nessas horas, talvez você pense: "Dei o meu melhor, mas não adiantou. Acho que cheguei ao limite da minha capacidade", mas na realidade há outra maneira de olhar para isso: "talvez seja hora de fazer uma mudança". Se você transformar a si mesmo, um novo caminho irá se abrir.

Por exemplo, quando uma lagarta se arrasta por um galho ou pelo chão, ela pode estar orgulhosa de si mesma. Enquanto avança pelo galho e mastiga folhas, pode se sentir satisfeita, acreditando: "Sou uma lagarta de elite". Um dia, porém, seu corpo enrijece e ela não pode mais se mover. A lagarta fica completamente aturdida com isso e pensa: "O

As Leis da Perseverança

que está acontecendo? Eu me transformei numa crisálida. Será que vou terminar a vida assim?" Mas, na realidade, chega uma hora em que o casulo se rompe e a crisálida vira uma borboleta, que sai voando pelo céu.

Talvez uma fase ruim seja equivalente ao tempo de espera transcorrido numa crisálida. Sem dúvida, deve ser doloroso para uma lagarta de elite vivenciar uma época em que não pode mais se mover. À medida que seu corpo se transforma, ela talvez pense: "O que é isso? O que vai acontecer comigo? Vou mumificar e morrer assim?" Contudo, logo ela abre as asas e um novo eu completamente inesperado emerge.

Então, a borboleta descobre que pode voar. Talvez pense: "Ei, eu posso voar. Eu pensava que ser da elite significava conseguir rastejar depressa por um galho, mas agora posso voar pelo céu azul. Isso é muito bom. Eu ainda tenho um futuro". Ela não podia saber disso até que acontecesse de fato. Como lagarta, não seria capaz de entender. Apesar de ter que viver um período num estado de crisálida, no final ela se transforma e voa livre pelos céus. Tenho certeza de que esse deve ser realmente um momento de grande emoção.

Para os humanos, as borboletas podem parecer menos felizes, porque não são muito inteligentes e não conseguem refletir sobre problemas complexos. Mas o prazer que elas sentem voando deve ser maior do que qualquer um dos prazeres humanos. Os humanos não podem voar, a não ser sentados num avião, e, para uma borboleta, máquinas como um helicóptero pareceriam ridiculamente desajeitadas e sem graça. Elas talvez comentassem: "Que desagradável ter de se deslocar desse jeito!" e quem sabe tivessem pena dos humanos, incapazes de voar pelo ar sozinhos, obrigados a confiar em máquinas tão complicadas.

De fato, as borboletas podem voar sem nenhum combustível, e ir de Taiwan até o Japão aproveitando os ventos. Essa é uma tarefa fácil para elas; ao contrário de uma aeronave, não precisam de combustível. Imagino como as borboletas devem ter uma maravilhosa sensação de liberdade voando livremente pelo céu.

Um Período Difícil Também É uma Oportunidade de Se Tornar uma "Nova Pessoa"

Seres humanos também vivenciam estágios como "lagarta", "crisálida" e "borboleta". Assim, mesmo que você ache que sua vida acabou, talvez esse seja apenas o seu estágio como "crisálida". Em outras palavras, talvez seja apenas um período de preparação para criar um novo eu.

Do mesmo modo que uma crisálida não consegue se mover, durante uma fase ruim o indivíduo pode achar que tudo o que faz não dá certo, não surgem ideias novas e ele não consegue ter vontade de agir. Às vezes, pode começar a ficar deprimido e tentar se fechar, afastando-se do mundo. Mas, lembre-se, pode ser apenas uma fase temporária como a crisálida. Depois de superá-la, será possível tornar-se uma borboleta.

Talvez você nunca tenha pensado em se transformar numa borboleta, mas tente imaginar isso. Gostaria que pensasse que essa pode ser uma oportunidade de você se tornar uma nova pessoa. Afinal, todo mundo deve passar pelo estágio crisálida para alcançar maior crescimento e sucesso. Você não pode continuar vivendo se o seu antigo eu não morrer.

As Leis da Perseverança

As pessoas chegam a viver oitenta ou noventa anos, então passam por esse tipo de experiência várias vezes na vida. Descobrem que a autoimagem delas desmorona, mergulham num estado de confusão e não conseguem visualizar o futuro, mas depois renascem. E não podem continuar as mesmas ao longo da vida. Elas precisam passar por esse período de transformação pelo menos duas ou três vezes na vida, do contrário não serão bem-sucedidas na era atual.

Você pode achar que está prosperando e que não precisa mudar, mas isso é o mesmo que a lagarta sentir orgulho de rastejar e devorar todas as folhas. Quero que você considere a possibilidade de criar asas e voar. Se imaginar que está no estágio da crisálida, será capaz de poupar sua força e esperar chegar sua hora. Nessa fase, em vez de simplesmente não fazer nada, é essencial que você desenvolva sua força aos poucos e se prepare gradualmente, conforme a inspiração for guiando-o.

Muitas vezes, o que você acredita ser uma fase ruim é na realidade um período para fazer a mudança para um novo eu. Eu mesmo vivenciei isso várias vezes. De certo modo, não há como evitar. Não importa o quanto você lute, não há o que fazer até que os tempos mudem e uma nova situação se instale. Enquanto isso, você ficará impaciente buscando uma saída, e isso é realmente doloroso, mas tudo o que pode fazer é esperar.

Depois de um tempo, o panorama com certeza irá mudar. Muitas coisas vão se transformar, inclusive seus relacionamentos, e um estágio totalmente novo irá emergir. É de fato um mistério, mas é assim que acontece. Então, quando estiver enfrentando uma temporada de dificuldades, pense que você se encontra no estágio de crisálida, e

Como Superar as "Fases Difíceis"

espere a oportunidade que vem chegando para transformar a si mesmo. Essa é também uma maneira muito importante de superar uma fase de dificuldades. Por isso, é muito importante esforçar-se para pensar desse modo.

As Leis da Perseverança

5

Como Lidar com as Fases Ruins

Método 1: Concentre-se nas Suas Preocupações Atuais

Durante uma fase ruim, muitas vezes a única coisa a fazer é aguentar firme. Mas quando olho para trás, para as minhas próprias experiências, e penso em como lidei com as crises, descubro que existem outras abordagens.

Não Há Nada a Fazer em Relação a "Pendências do Passado" e "Preocupações com o Futuro"
Primeiro, ao passar por períodos difíceis, as pessoas muitas vezes ficam obcecadas com as pendências do passado e remoendo preocupações ou questões que não podem ser mudadas. Nessas horas, elas também se preocupam com o futuro, e se angustiam com eventos que ainda não aconteceram. Em geral, quando as pessoas enfrentam um período de crise, vivem uma terrível angústia, presas ao passado e ao futuro.

Em resumo, as pessoas ficam angustiadas com questões a respeito das quais não podem fazer nada. Na maioria dos casos, são preocupações com um passado que não pode ser mudado e com um futuro a respeito do qual não há o que fazer. Porém, na verdade estão vivendo no "presente", um momento entre o passado e o futuro. Então, como eu disse na seção anterior sobre o estágio da crisálida, às vezes é neces-

Como Superar as "Fases Difíceis"

sário olhar para a vida como uma série de segmentos de tempo; um fluxo que percorre o passado, o presente e o futuro. Essa é uma das abordagens para superar as fases difíceis.

A Técnica do Famoso Samurai Musashi Myamoto: Derrotar um Oponente de Cada Vez

Quando estamos num período de crise, sem dúvida não estamos na melhor forma, então é aconselhável ficar na defesa. Nas crises, não será possível vencer ao se lutar contra várias preocupações ao mesmo tempo. Ao enfrentarmos vários "oponentes" simultaneamente num período em que não nos encontramos em boa forma, não seremos capazes de vencer.

Vamos analisar, por exemplo, o famoso samurai Musashi Myamoto[5]. Ele enfrentava diversos oponentes, mas sempre procurava lutar apenas com um de cada vez. Ele enfrentou mais de sessenta combates na vida e venceu todos. Um dos fatores que o ajudavam a vencer era a habilidade de correr bem rápido. Lutando com vários oponentes ao mesmo tempo, seria fatal se em algum momento fosse atingido e derrubado, então ele corria o tempo todo. Seus adversários naturalmente o perseguiam, mas como as velocidades deles eram muito diferentes, eles se distanciavam um dos outros. Então, ele conseguia lidar com um por vez, começando pelo mais rápido. Desse modo, ao correr fazia seus inimigos se dispersarem e podia lutar sempre contra um só oponente.

---

5. Musashi Myamoto (1578-1645): Espadachim e samurai, famoso por seus duelos e estilo de luta. É também autor de *O Livro dos Cinco Anéis*, sobre estratégia, tática e filosofia.

As Leis da Perseverança

Musashi também evitava ser cercado e atingido, por isso procurava manter as costas voltadas para a parede. Às vezes também fazia ataques de surpresa. Era um corredor rápido, tinha muita energia e braços muito fortes, então aguentava uma boa luta, sempre usando a tática de derrotar um oponente por vez. Se todos os inimigos atacassem juntos pelos quatros lados, certamente perderia, mesmo sendo capaz de lutar com uma espada em cada mão. É por isso que sempre fazia seus inimigos se dispersarem, para não ficar cercado e indefeso. Desse modo, assegurava uma boa posição de luta e enfrentava os oponentes individualmente.

Quando era perseguido, por exemplo, corria montanha acima, e quando seus oponentes ficavam sem fôlego, ele os derrubava. Portanto, desde que fosse capaz de manter o fôlego, certamente venceria. Com isso, colocava seus oponentes em desvantagem e derrotava-os um por um.

É desnecessário dizer que nós, como espiritualistas e religiosos, não estamos encorajando ninguém a matar ou atacar pessoas. Quando digo: "Enfrente sempre seus inimigos um por vez", estou usando uma analogia a respeito de um modo de pensar nos problemas, então, por favor, não me entenda mal.

O ponto que quero ressaltar é que não adianta lutar com os problemas do passado ou do futuro em um momento de crise. Pode haver vários problemas, talvez cinco ou dez do passado, e cinco ou dez do futuro, que estejam nos preocupando nesse período, fazendo-nos sofrer.

Como Superar as "Fases Difíceis"

Método 2: Faça uma Lista de Suas "Preocupações Atuais" por Ordem de Importância

Mesmo que lutássemos com uma "espada" em cada mão, nunca conseguiríamos vencer todos os "inimigos" ao mesmo tempo. Em primeiro lugar, precisamos dispersá-los, para poder derrotá-los um por vez. Só poderemos vencer se reduzirmos o âmbito da luta para um oponente por vez.

Assim, por ora, vamos utilizar um bom par de tesouras para recortar o passado e o futuro. Não faz sentido pensar neles agora. Não há nada que se possa fazer a respeito de erros e fracassos passados, então simplesmente deixe-os de lado por um tempo. Quanto ao futuro, ele se estende, abrange o próximo ano e o seguinte, e se começar a pensar nisso agora, logo terá preocupações demais para ser capaz de lidar com elas. Então vamos deixá-las também de lado.

Por enquanto, basta criar uma cerca ao redor do "momento presente" e olhar apenas para os problemas com os quais você lida atualmente. Além disso, já que há provavelmente vários problemas a enfrentar, conte-os para ver quantas preocupações você tem de fato. É raro haver apenas uma, o comum é que sejam cinco ou dez. Estabeleça então uma prioridade em relação a esses problemas e comece a resolvê-los um de cada vez. Também é importante classificá--los em problemas maiores e problemas menores, ou seja, diferenciar as questões importantes das triviais.

Você também pode usar o "princípio da fragmentação". Seria como limpar um quintal repleto de folhas caídas pelo chão. Não dá para limpar todo o local de uma vez, mas você pode ir limpando pedaço por pedaço com uma vassoura, até deixá-lo todo limpo.

Com esses métodos, é possível dividir o bloco de seus atuais "inimigos" em vários fragmentos e livrar-se deles por partes. Conte: quantas preocupações você tem agora? Você precisa contá-las, achar uma maneira de dispersá-las e então vencê-las uma por uma, como Musashi Myamoto fazia.

Método 3: Selecione um Problema por Vez

Resolva Primeiro os Problemas Mais Graves
Quando você decide resolver suas preocupações, precisa pensar em como fazê-lo e por onde começar. Um dos métodos é derrotar primeiro seu inimigo mais poderoso.

Numa batalha, por exemplo, se você se livra primeiro do general do inimigo, os demais vão perder seu ânimo de lutar e ficarão desmotivados. Mesmo que haja sessenta inimigos, se o general deles for derrotado abruptamente, o grupo inteiro ficará confuso. Quando isso ocorre, você consegue bater em retirada eliminando um por um os inimigos que se dispersaram. Essa é uma das maneiras de pensar. Em termos de lei da prioridade, equivale ao método de resolver primeiro o problema mais fundamental.

Resolva Primeiro os Problemas Mais Simples
Outro método é ver qual dos seus problemas é o mais fácil de resolver e enfrentá-lo antes dos outros. No mundo espiritual, esse é um método que os demônios utilizam com frequência. De fato, quando atacam, os demônios miram primeiro os mais fracos. Não se trata de avaliar se esse método é digno ou não, mas ele também pode ser aplicado como uma regra de sobrevivência, e usado para resolver os problemas.

Como Superar as "Fases Difíceis"

Por exemplo, às vezes você pode se ver às voltas com cinco problemas e sua mente fica totalmente perdida no meio deles. Nessas horas, é bom definir qual deles é o mais fácil de resolver, selecionar esse "problema menor" e resolvê-lo primeiro. Isso vai reduzir seus problemas a quatro. Em seguida, selecione o segundo problema mais fácil e resolva-o. Com isso, você passa a ter apenas três problemas.

Conforme você reduz dessa forma o número de problemas, o mais grave deles começa a parecer menos difícil, como se uma névoa tivesse se dissipado. É claro que esse problema ainda é sério, mas quando há outros problemas enredados nele, parece ainda mais complicado. Ou seja, vale a pena, antes de qualquer coisa, remover esses enredamentos.

Não considero essa abordagem como uma "lei dos demônios"; pois está muito próxima da lei que controla o reino animal. Por exemplo, quando leões ou tigres atacam presas como antílopes, eles perseguem primeiro os mais lentos, que em geral não conseguem escapar a tempo, como os muito pequenos, os doentes ou os feridos. Se essa regra for adotada num combate, equivale a derrotar primeiro os inimigos visivelmente mais fracos. Na solução de problemas, equivale a reduzir o número de preocupações eliminando primeiro as mais fáceis.

Use o "Princípio da Fragmentação" para Resolver Grandes Problemas

Ao final, restará o problema que parece maior. No âmbito do gerenciamento de empresas, seria um problema muito sério e extremamente complicado. Ao enfrentar problemas de gerenciamento em geral, você deve usar o "princípio da fragmentação" e dividir o problema em partes menores.

Não adianta ficar apenas se afligindo sobre o que você deveria fazer, como se estivesse tentando solucionar um enigma. Nesses casos, você precisa dividir o problema e localizar a origem dele. É um problema de recursos humanos? Um problema de dívida? Ou o problema é causado por falta de capacidade de desenvolver novos produtos? É a dificuldade de cobrar pagamentos por vendas já realizadas? Talvez esteja por aí a falha. Ou será que é porque surgiu um concorrente e você está perdendo clientes?

Mesmo um problema de gerenciamento pode ser fragmentado desse modo. Assim, embora você achasse que se tratava de um problema gigantesco, quando você o fragmenta descobre que ele se compõe de vários problemas menores. Fazendo isso, você poderá escolher a questão mais importante e lidar com ela por partes ou, se isso não for possível, resolver um ponto por vez, começando pelo que parecer mais fácil de solucionar.

Superando "Fases em que, por Alguma Razão, Você Não Está no Seu Melhor"

Vou fazer uma rápida recapitulação do que acabei de ensinar.

Primeiro, separe as preocupações atuais daquelas sobre o passado ou o futuro. Deixe-as de lado e concentre-se apenas nos problemas que estão ocorrendo agora.

Em seguida, examine os problemas atuais e liste aqueles que parecem ser solucionáveis. Deve haver de cinco a dez deles.

Ataque o problema maior, se achar que no momento tem condições de solucioná-lo. Feito isso, poderá se livrar dos problemas esparsos que sobrarem.

Como Superar as "Fases Difíceis"

Se não tiver condições de solucionar sua maior preocupação, recorra ao método de reduzir o número de problemas atacando o mais fácil primeiro. Assim, quando chegar a vez do problema maior, poderá fragmentá-lo em partes menores e decidir se ataca primeiro o problema principal ou os periféricos.

É claro, se você tiver força para abrir caminho derrubando vários obstáculos de uma vez, como um trator, isso será ótimo, mas se não conseguir, tudo o que poderá fazer será abrir caminho com uma pá na mão. Quando não se tem nenhuma chance de vencer imediatamente, essa é a única maneira de lutar. Adote a tática de concentrar seu ataque, de momento, em alguns problemas, e com isso reduzirá o número deles.

Se, ao enfrentar seus problemas, você classificá-los desse modo, provavelmente será capaz de sair de uma fase difícil, que é, de certo modo, um momento em que você não está no seu melhor.

Exemplo: Superar uma Crise no Futebol

Analise Por Que Você Não Marca Mais Tantos Gols e Pense no Que Pode Melhorar
Como já mencionei, há momentos em que um jogador de futebol, um atacante, por exemplo, não consegue mais marcar gols. O que deve ser feito nessas horas é analisar as razões pelas quais você não consegue marcar, e pensar sob diferentes ângulos no que pode fazer para melhorar. Em seguida, comece a lidar com esses aspectos.

Por exemplo, há algum problema na sua forma de chutar a bola? Você normalmente tem uma dieta saudável?

As Leis da Perseverança

Vem sendo atormentado por preocupações, como doenças ou problemas com algum membro da família? Ou quem sabe surgiu outro jogador no seu time que está jogando melhor que você? Ou será por que o adversário descobriu seus pontos fracos?

Com certeza, se um oponente identifica sua fraqueza e descobre que você não consegue sair de uma forte marcação adversária, ou que comete muitos erros quando está sob pressão, ou que não suporta provocações, os jogadores dos outros times vão começar a seguir o mesmo exemplo. Como resultado, você pode não ser mais capaz de jogar bem porque todo mundo já conhece seus pontos fracos.

Deve haver várias razões para os seus problemas, então você precisa analisá-las com cuidado e ver qual parte do problema pode atacar. Quando um artilheiro está numa má fase, é melhor que ele não deseje ser o principal marcador de gols do jogo, mas se concentre mais em jogar bem e dar bons passes aos seus companheiros. Se conseguir dar boas assistências para os companheiros marcarem, depois de um tempo poderá recuperar a forma e voltar a marcar.

Além disso, há vários outros métodos, como procurar fazer algum tipo de retiro[6] para descansar ou meditar, ou praticar algum hobby. Algumas pessoas recorrem a tais métodos que não têm diretamente a ver com o problema, e conseguem bons resultados.

Você deveria também encontrar seus próprios modos de resolver seu problema. Por favor, note que você deve

---

[6]. A Happy Science oferece muitos retiros espirituais voltados para reflexão e desenvolvimento da força interior. Talvez esteja aí uma solução para refletir, juntar forças e sair da crise.

Como Superar as "Fases Difíceis"

primeiro abandonar as preocupações com o passado e o futuro, e limitar-se às preocupações atuais. Em seguida, escolha uma questão específica para trabalhar. Se não adotar essa abordagem, não será fácil encontrar uma solução.

Considere Sua Capacidade com Base na Sua "Média de Gols" e Tenha Confiança

Como estamos usando um artilheiro de futebol como exemplo, deveríamos também levar em conta a "média de gols". Ou seja, você deve considerar sua capacidade objetivamente e saber o quanto pode atuar bem com base no seu desempenho anterior.

Vamos pegar como exemplo um grande artilheiro do futebol. Todos têm fases em que simplesmente não marcam gols, e que podem durar duas, três partidas, ou muito mais. Curiosamente, em geral são pessoas assim que vivenciam más fases. Ninguém consegue um alto desempenho o tempo todo. Mesmo quem se destaca por marcar muitos gols, pode passar às vezes meses sem fazer um gol. É lamentável ver um jogador desses em crise, mas se olharmos para a temporada toda, veremos que quase sempre ele tem uma média até razoável.

De fato, grandes artilheiros sempre marcam muitos gols numa temporada. Eles não sabem quando irão marcar ou não. No entanto, mesmo que passem fases sem fazer nenhum gol, se olharmos para a temporada inteira veremos que o seu índice de acertos nas finalizações é alto, portanto, ao longo do ano sua média provavelmente será boa, mesmo que em certos períodos não consigam bons resultados. Considerando o ano todo, porém, eles mostram resultados razoáveis, em termos de média de acertos.

As Leis da Perseverança

Quando você está numa fase difícil, tende a perder a autoestima e achar que não é bom o suficiente. Entretanto, precisa fazer uma avaliação objetiva de sua capacidade e pensar: "Embora esteja passando por uma crise no momento, sei que posso fazer muitos gols e que mereço ser considerado um grande artilheiro". É importante ter esse parâmetro objetivo.

Mesmo que seu rendimento atual seja muito baixo pelos seus padrões, em algum momento você vai recuperar a forma e compensar isso melhorando sua média. Esse tempo com certeza vai chegar. Você precisa desenvolver essa autoconfiança.

É claro, poucos de nós são artilheiros, mas algo semelhante pode ocorrer no campo das invenções, por exemplo. Mesmo que haja épocas em que você não consegue inventar nada, depois de um tempo as ideias voltam a brotar. Portanto, você precisa olhar para a sua "média de resultados" na sua área de atuação e ter confiança em sua capacidade, com base no trabalho que realizou até agora e no conhecimento daquilo que é capaz de fazer.

Embora seu desempenho possa não estar bom agora, e você não consiga resultados satisfatórios, ele vai melhorar em algum momento no futuro. Se o problema não se resolver dentro de um ano, faça uma comparação mais ampla considerando um período de três anos ou mais, e descobrirá que essa avaliação corresponde melhor à sua real capacidade. Mesmo que você não tenha bom desempenho por seis meses ou mais, de repente seu desempenho melhora e, se você medir seu trabalho no período de um ano ou, quem sabe, três, descobrirá que alcançou quase a mesma média. Se o seu desempenho superou sua média, significa que ele também melhorou.

Como Superar as "Fases Difíceis"

Portanto, é importante não ficar desesperado quando você não está em boa forma. Ao contrário, procure compreender qual é o seu nível médio de competência e confie nele. Você não pode funcionar sempre no seu melhor, então tem de estar sempre consciente de sua média.

As Leis da Perseverança

Superar o "Pior Cenário Possível"

Em Primeiro Lugar, Esteja Preparado para Enfrentar o Pior

Quando era jovem, aprendi bastante nos livros de Dale Carnegie. Em um deles, o autor escreveu que é importante estar preparado para aceitar o pior. Isto, também, é uma forma de sabedoria.

Nesse livro, há uma passagem que diz algo como: "Quanto às preocupações que você tem atualmente, primeiro faça a si mesmo a seguinte pergunta: O que é a pior coisa que pode acontecer? E prepare-se para aceitar isso. Depois de adotar essa atitude, sua mente já não vai oscilar tanto. Em seguida, considere com calma se há meios de atenuar o pior cenário possível, mesmo que levemente". Esta também é uma boa abordagem, e eu a considero muito útil.

Em primeiro lugar, você deve considerar o pior cenário possível que seria obrigado a enfrentar a essa altura. Examine também sob todos os ângulos do passado, presente e futuro qual seria a pior situação que poderia se instalar em relação ao problema que você enfrenta agora. Aceite isso, e assuma a seguinte atitude: "Mesmo que o pior aconteça, de alguma forma vou conseguir superar isso".

Como Superar as "Fases Difíceis"

Por exemplo, o que aconteceria se sua empresa fosse à falência? Obviamente, isso não significaria que todos os seus empregados de repente iriam morrer. Eles ainda teriam um caminho a seguir, mudando de emprego ou de ocupação.

Ou vamos imaginar que você tenha cometido um grande erro no seu trabalho e esteja com medo de ser demitido. Em uma situação como essa, o pior cenário possível é que você seja forçado a deixar a empresa na próxima reestruturação corporativa que ela fizer. Mas, se puder aceitar essa conclusão, será capaz de pensar: "Outros caminhos poderão se abrir para mim. Ainda não tenho nenhuma empresa específica em mente. Mas, com minha capacidade atual, deve haver outros bons lugares onde eu possa trabalhar".

Outro exemplo é quando um membro da sua família contrai uma doença grave e acaba falecendo. Você com certeza ficará transtornado, mas na nossa sociedade isso acontece em uma a cada três famílias. Esta ocorrência é perfeitamente natural. Talvez seja algo muito inesperado para você, mas de qualquer modo todos os seres humanos estão sujeitos a doenças, e muitas são fatais. Ou seja, é algo que pode acontecer. Mesmo assim, isso chegaria a você como um tremendo choque.

Você ou sua esposa também estão sujeitos a contrair uma doença grave. Às vezes é curável, às vezes não. Numa situação dessas, em última análise a melhor coisa que se pode fazer é aceitar. Talvez um membro da nossa família venha a falecer, ou até nós mesmos. Ninguém que esteja lendo este livro agora, por exemplo, estará vivo daqui a cem anos. Quase todos estaremos mortos. É o nosso destino, e vai acontecer mais cedo ou mais tarde.

As Leis da Perseverança

Isto posto, o melhor que se pode fazer é encarar a doença como uma realidade, aceitar o pior cenário possível, decidir estudar diligentemente a respeito da vida no outro mundo e cultivar a paz no coração. As coisas ficam mais fáceis quando nos preparamos desse modo para enfrentar a morte. Podemos ficar preocupados com o que vai acontecer com a família depois que morrermos, mas é melhor relaxar e pensar: "Tudo vai se ajeitar". Ao analisarmos o pior cenário possível deste modo, e procurarmos refletir com serenidade, seremos capazes de encontrar algumas medidas a tomar.

Exemplos de Pacientes com Câncer Que Viveram Ainda por Muito Tempo

Em muitos países como os Estados Unidos, pacientes com câncer terminal ficam sabendo antecipadamente que têm a doença. Segundo uma pesquisa recente, mesmo que todos sejam igualmente informados de sua doença, o número de anos de sobrevida difere de pessoa para pessoa.

Por exemplo, as pessoas que ao saberem da doença ficam aflitas com o pouco tempo que lhes resta e passam a trabalhar arduamente, morrem cedo. As que ficam se lamentando amargamente porque têm câncer e se desesperam também acabam morrendo logo.

Mas, por outro lado, também há pessoas que, ao saberem que estão com câncer, pensam: "Ah, então é câncer? Bem, acho que não tem jeito mesmo. Na vida, às vezes você tem que saber quando parar, então só me resta aceitar e seguir adiante. Vou ter calma e tratar de saborear bem o que me resta de vida". Surpreendentemente, esse tipo de pessoa não morre tão fácil.

Como Superar as "Fases Difíceis"

Em outras palavras, aqueles que vivem mais do que os médicos previram são os que aceitam seu destino e vivem o que lhes resta pensando: "Contrair câncer é apenas uma experiência na minha vida. Parece que uma de cada três pessoas tem isso, então vou viver o período que me resta com calma e em paz". Já as pessoas que decidem trabalhar duro ou ficam lamentando demais do seu destino, em geral acabam indo mais cedo.

Aparentemente existem esses três padrões para as reações das pessoas, com poucas exceções. Algumas pessoas mentalizam fortemente e com convicção de que é impossível que tenham desenvolvido um câncer. Elas se esforçam num processo de autossugestionamento: "Isso não é câncer! Não estou com câncer coisa nenhuma! Eu estou bem! Eu sou saudável!". Às vezes, ao contrário do previsto, essas pessoas conseguem ter uma vida longa.

É exatamente isso que está ocorrendo no mundo da espiritualidade e religião, e na verdade também tem acontecido com muitos membros da Happy Science. Temos notícias de que vários de nossos seguidores acabam obtendo uma longa vida quando prosseguem fazendo autossugestionamento dessa maneira.

Há casos excepcionais em que as forças das dimensões espirituais superiores começam a agir e a doença é completamente curada[7]. De modo geral, parece que as pessoas

---

[7]. Casos de pacientes que se recuperam milagrosamente de câncer terminal ou de doenças incuráveis aumentam ano após ano. Isso tem relação direta com o aumento do poder da fé. Leia nossos livros *As Leis da Imortalidade*, IRH Press do Brasil, e *Curando A Si Mesmo*, IRH Press do Brasil, e outras publicações.

que resistem demais e aquelas que encaram o problema de forma sombria tendem a morrer logo, enquanto as pessoas que aceitam o câncer e passam a levar uma vida harmoniosa tendem a viver mais tempo.

Corretos Ensinamentos Espiritualistas e Religiosos Permitem Superar o "Medo da Morte"

O pior cenário possível às vezes pode acontecer, mas quando você pratica a aceitação, torna possível que ainda surja um novo caminho na vida.

Talvez as pessoas sejam capazes de imaginar vários cenários ruins, como perder todas as posses, a empresa ou o trabalho, mas a coisa que mais entristece talvez seja o pensamento de que no final iremos morrer. Na Happy Science, porém, transmitimos a verdade sobre a existência da vida após a morte e, como nossos princípios básicos baseiam-se no fato de que, após a morte, todos retornam para o outro mundo, ninguém precisa ficar assustado com o fato de que um dia irá morrer. Se no mínimo você pensar que foi por isso que entrou para a Happy Science e está estudando nossos ensinamentos, o problema da morte já está resolvido para você.

A partir daí, tudo o que você deve fazer é se esforçar para elevar o estado de seu coração nos dias que ainda lhe restam, de modo que possa retornar para as dimensões mais elevadas do mundo celestial depois da morte. Não importa se lhe restam meses ou anos de vida, seja como for, nesse tempo você deve melhorar seu estado mental para poder voltar para um lugar melhor. Estabeleça a direção do seu esforço e, ao mesmo tempo em que aceita a morte, procure

Como Superar as "Fases Difíceis"

fazer seu melhor, sem se pressionar demais. Por isso, é muito importante orientar sua vida de modo que não atrapalhe a vida das pessoas a sua volta.

Dito de forma simples, quando você já tentou de tudo para resolver uma situação difícil, o melhor é aceitar o pior. Pode ser a falência de sua empresa, a demissão do emprego, o fracasso num concurso ou vestibular, a sua morte ou a morte de um ente querido que estava doente. Se você criar um estado mental de aceitação do pior, não há mais nada a temer. Em última análise, aceite a possibilidade de que o pior cenário aconteça e em seguida tente, pelo menos um pouco, achar meios de melhorar a situação. Talvez, somente assim consiga superar o problema.

Neste capítulo, ensinei várias maneiras de perseverar em períodos de crise. Espero que lhe sejam bastante úteis.

Capítulo Dois

Vencer as Provações

Como Viver uma Vida Sem Arrependimentos

"Vencer as Provações": uma Postura Mental Muito Importante

Quando Não Souber o Que Fazer, Escolha o Caminho Mais Difícil

Neste capítulo, vou discutir o tema "vencer as provações". Embora seja comum, este assunto é universal dentro do âmbito espiritual e religioso. Fora do mundo religioso, "vencer as provações" é uma atitude mental extremamente importante para conseguir superar as adversidades e abrir os caminhos na vida ou na sociedade. Tentarei explicar de forma simples e compacta o que penso atualmente a respeito disso.

Em primeiro lugar, relembrando a época em que era mais novo, sinto que por natureza eu era uma pessoa que apreciava a ideia de vencer os desafios e as provações. Como mencionei num livro em que descrevo meus dias de colégio[8], eu gostava muito de uma frase que dizia o seguinte: "faça todo o esforço para entrar pela porta estreita". Eu preferia adotar um estilo de vida que seguia pelo caminho mais difícil sempre que estava em dúvida sobre como agir.

---

[8]. O episódio foi citado no livro *Chitekina-Seishun-no-Susume* ("Como viver uma juventude intelectual"), IRH Press Co., Ltd., disponível somente em japonês.

As Leis da Perseverança

Essas são as palavras contidas num trecho da Bíblia que diz "Entrai pela porta estreita; porque larga é a porta, e amplo o caminho que conduz à perdição, e são muitos os que entram por ela; como é estreita a porta, e apertado o caminho que leva à vida, são poucos os que a encontram" (Mateus 7:13-14). "A estrada que conduz à vida é muito estreita e é muito difícil atravessar por essa porta estreita" eram como palavras de fogo gravadas no meu coração. Essas palavras ficavam ecoando repetidamente em meu coração, deixando-me muito impressionado, pois era exatamente assim que eu pensava.

No decorrer da vida, encontramos muitas dificuldades e sofrimentos, mas na minha visão não penso que seria melhor evitá-los. Eu também não me sentia satisfeito em pensar que deveria: "levar uma vida sem nenhum problema", "viver uma vida tranquila" ou "conseguir uma vida sem maiores percalços, sem cometer erros graves". Naquela época eu já tinha percebido que a coisa mais importante da vida era aprimorar a alma e elevar a própria espiritualidade.

Realmente, ao examinar minha vida desde então, percebo que sempre escolhi o caminho mais difícil nos momentos em que não sabia como agir.

No Final da Vida, Não Quero Me Arrepender por Ter Tido Sonhos Pequenos Demais

Ao seguir esse caminho difícil, claro, muitas vezes não conseguia alcançar meus objetivos devido à minha falta de experiência, habilidade ou esforço, e porque encontrava diversos obstáculos difíceis.

Mas penso da seguinte maneira: realmente, ao definir grandes metas ou desafios, várias pessoas não irão obter sucesso e se lamentarão por não conseguir atingir seus objetivos. Mas, pior do que se lamentar pelo fracasso ou falta de sucesso, seria olhar para trás em sua vida e se arrepender por ter tido sonhos pequenos demais. Quando chegar ao fim da vida, com certeza, não quero me arrepender dizendo: "Puxa, apesar de ter tido uma longa vida, meus sonhos foram pequenos demais". Eu sinto que isso é muito importante.

Muitas vezes, as pessoas que obtiveram grande sucesso se arrependem porque descobrem que sonharam pequeno demais. Por exemplo, há pessoas que estabelecem para si uma meta de poupar um milhão de dólares no decorrer de sua vida. Muitas delas conseguem alcançar esse objetivo através dos exercícios de várias ocupações. Mas, depois que alcançam essa meta, algumas delas perdem repentinamente seu propósito na vida. Isso porque percebem que não havia nenhum valor agregado nessa meta de poupar um milhão de dólares.

Seria diferente se elas aspirassem poupar um milhão de dólares para um propósito específico, mas se o objetivo delas for apenas poupar um milhão de dólares, depois que conseguirem isso não terão motivação para fazer outra coisa. Afinal, esse um milhão de dólares poderia ter sido ganho na loteria ou subindo na hierarquia corporativa, ou poupando os rendimentos. Poderia também vir de lucros por ações ou da criação de um negócio.

Contudo, se você perseguiu apenas o objetivo de guardar dinheiro, o arrependimento que sentiria antes de morrer não seria pelos erros que tivesse cometido na vida, mas por seu sonho ter sido pequeno demais. Muitas vezes, um sonho que no passado você achava impossivelmente grande, acaba não sendo tão grande assim. Afinal, conforme o tempo passa, você acumula várias experiências e conquistas. Mas, antes disso, é comum as pessoas acharem que o sonho era muito difícil de se realizar.

Portanto, você deve lutar contra a fraqueza de espírito e o coração covarde que tem medo de falhar, e que muitas vezes fica se vangloriando de seus pequenos sucessos. Mais do que isso, deveria sentir-se envergonhado ao lembrar-se de que, ao evitar os desafios, nada lhe restaria além de ter sucesso por levar uma vida preenchida de pequenos sonhos.

O Destino Está Sempre Nos Preparando a Próxima Porta

Já expliquei o significado da frase "faça todos os esforços para entrar pela porta estreita". Para pessoas jovens, sobretudo adolescentes, entrar em uma boa escola é um dessas portas da vida, e por isso, ser aprovado num exame de admissão é um objetivo muito importante. E para eles, ser aprovado para uma escola, colégio ou universidade parece um obstáculo incrivelmente grande.

No entanto, quem já superou esses obstáculos pode ver claramente que não são nada mais do que passos para abrir caminho para um futuro emprego. Passar nos exames não garante o sucesso e, inversamente, ser reprovado não determina o fracasso no futuro. No decorrer da vida, muitas portas se erguerão diante nós, uma após a outra. Por isso, passar nos exames talvez pareça um grande objetivo, principalmente para os jovens estudantes; no entanto, essa visão irá mudar com o tempo.

O mesmo pode ser dito de personagens históricos e bem-sucedidos das eras Meiji, Taisho e do início da era Showa no Japão. Podemos perceber isso lendo suas biografias.

Vencer as Provações

Embora essas pessoas vivessem numa época em que todos perseguiam o avanço profissional com afinco, nem todos eles conseguiram percorrer um caminho direto para o sucesso na juventude. Na verdade, o número de pessoas que conseguiu isso foi muito pequeno.

Não havia quase ninguém que não tivesse vivenciado algum fracasso ou que tivesse conseguido alcançar seguidamente grande sucesso. Aqueles que pensam que conseguiram obter somente sucesso na verdade pararam de crescer a partir desse ponto na vida.

Se você está enfrentando uma situação difícil, talvez possa sofrer muito com isso, mas o importante é não se apegar a uma mentalidade negativa por muito tempo. Evite ficar se atormentando ou nutrindo uma baixa autoestima. É preciso continuar a fazer esforços diligentes para superar as dificuldades. Mesmo que fracasse, o destino sempre está preparando a próxima porta para você. Por isso, a energia e o esforço que você tem feito até agora não serão completamente inúteis.

Vale a pena refletir muito sobre este ponto. Todos os exames possuem uma nota de corte, e os que não conseguirem a pontuação estabelecida não serão aprovados. Mas está completamente errado achar que o sucesso ou fracasso depende apenas no fato de você ter ou não ultrapassado a nota de corte e conseguido um certificado de qualificação. Muitas pessoas não alcançam a nota de corte por um ou dois pontos apenas, e isso não quer dizer que sejam um completo fracasso.

Mesmo que você não tenha conseguido entrar por esse caminho, o esforço real que fez não é de forma alguma inútil. Se refletir sobre as razões que o levaram a ser malsucedido, o próximo passo para o sucesso estará sendo preparado para você.

Pessoas que tiveram muitos sucessos ou um grande sucesso têm consciência disso. O que parecia ser provação, desafio ou revés – ou mesmo sofrimento devido ao complexo de inferioridade – são como os fios expelidos pelo bicho-da-seda, que vai se transformar em algo muito diferente. Muitas pessoas bem-sucedidas sabem disso por experiência.

Eu não estou brincando quando digo: "As sementes do sofrimento vão se transformar com certeza nas sementes da sua próxima felicidade". Isso é verdadeiro. Em muitos casos, o fato de você não ter atingido seu objetivo é que lhe dá forças para seus próximos esforços. É triste ver pessoas que, ao conseguirem superar metas facilmente, ficam se vangloriando de suas façanhas, não almejando ir além disso, passando o resto da vida relembrando suas glórias passadas.

Busque "Novos Desafios", Não Importa a Idade

À medida que fico mais velho, percebo que surge a vontade de usar justificativas ou dizer coisas como: "No passado, conseguia fazer isso" ou "Quando era jovem consegui fazer aquilo", mas é preciso tentar colocar um freio nessa atitude, mesmo que não seja possível evitar esses comentários completamente.

De nada adianta ficar repetindo frases como: "Eu era capaz de fazer isso". O que você deve se perguntar é: "Eu consigo fazer isso agora?" ou "Serei capaz de fazer isso de agora em diante?"

Muitas vezes pude comprovar que, não importa a idade ou experiência, quando alguém faz novos esforços e

Vencer as Provações

aceita novos desafios, o caminho se abre à sua frente. Devemos sempre aceitar novos desafios, não importa a idade. É importante continuar experimentando desafios que ainda não conhecemos e tentar superá-los um a um, da mesma maneira que fizemos na adolescência.

É claro que, se escolher um objetivo cuja probabilidade de sucesso é muito reduzida, mesmo que se esforce muito, não obterá muita vantagem. Se estiver beirando os 60 anos como eu e de repente aspirar participar das Olimpíadas para tentar ganhar uma medalha de ouro, talvez seja difícil encontrar alguma modalidade que lhe permita isso.

Se existisse uma modalidade olímpica para pessoas com mais de 50 anos, como o jogo de bocha, por exemplo, talvez fosse possível tornar-se campeão. De modo geral, mesmo para os que são jovens já é muito difícil ganhar uma medalha de ouro nas Olimpíadas, depois dos 50 é muito mais difícil. No entanto, se você escolher um objetivo que esteja dentro de suas possibilidades, e tiver cabeça e experiência para tal, e se esse objetivo despertar em você suficiente interesse e entusiasmo, é plenamente possível que consiga realizá-lo. E para fazer isso acontecer não depende da sua idade.

Não quero parecer pessimista em relação aos exercícios físicos, pois não desejo desanimar aqueles que estão se esforçando nessa área; por isso, vou falar somente um pouco sobre isso. Na época em que fundei a Happy Science, e isso já faz um bom tempo, eu havia ganho um bocado de peso. Em alguns aspectos, isso teve um impacto um pouco negativo em meu trabalho, então voltei a praticar tênis de novo. Mas como não jogava havia uns vinte anos, estava bem fora de forma.

As Leis da Perseverança

Durante o primeiro ano em que voltei a jogar, não consegui recuperar minhas habilidades, e quando jogava contra um secretário que sabia jogar tênis, sempre perdia. Ele às vezes me deixava ganhar uma partida ou outra, mas pela minha técnica era possível somente ganhar uma a cada quatro partidas. No entanto, após se passarem quatro anos de treino, me tornei o jogador mais forte.

Também, naquela época eu estava sendo treinado por um profissional e com ele eu ficava fazendo *rallies* de 600 rebatidas ou de 100 *smashes*. Ele até me perguntou se eu tinha intenção de me tornar profissional.

Quando se trata de força física, eu não tenho muita confiança. Mesmo assim, quando estava no colegial eu era um jogador muito bom. Depois da longa pausa, minhas habilidades diminuíram, mas ao retomar fui capaz de readquiri-las até certo ponto. Essas realizações são perfeitamente possíveis.

Vencer as Provações

O Aprendizado em uma Empresa de Comércio Exterior

Diferenças de Competência Podem Ser Revertidas com o Tempo

As pessoas que não são da Happy Science talvez não saibam disso, mas estou colocando muita ênfase no ensino de inglês na nossa organização, e dando vários tipos de orientação.

Quando era jovem, meus sentimentos em relação ao inglês eram de autoconfiança, misturada com um sentimento de inferioridade ou frustração. Muitas pessoas brilhantes do interior podem ter sido alunos excepcionais na escola primária ou no ginásio. Mas, quando vão para o colegial ou estão para entrar na universidade, começam a encontrar outros realmente capazes vindos de todas as partes do país. Aparecem tantos estudantes brilhantes que ficamos imaginando de onde é que eles surgiram. Isso faz os estudantes excepcionais do interior sentirem que há algo estranho acontecendo. Embora no passado eles achassem que eram os melhores e que estavam bem à frente dos outros, agora são aos poucos alcançados por estudantes muito inteligentes de todo o país.

Isso me leva a concluir que a democracia está realmente certa. A capacidade das pessoas é praticamente a mesma, e quase qualquer um pode conseguir bons resultados se fizer esforço. Assim, de modo bem surpreendente, quando se trata de desempenho acadêmico, muitos estudantes conseguem alcançar aqueles que antes se destacavam.

 Quando estudava na escola primária e no ginásio, estava alguns anos adiantado em relação aos outros alunos, mas do colegial em diante, outras pessoas foram aos poucos me alcançando, e senti que os outros realmente iam muito bem. Isso foi uma surpresa para mim. Portanto, qualquer ser humano pode ir bem nos estudos, desde que se esforce.

 Desse modo, a educação hoje abre caminho para empregos, e o sistema democrático, que dá a todos o direito de votar, é a meu ver válido. Em termos práticos, se todo mundo tem potencial, não existe diferença muito grande entre o potencial de duas pessoas quaisquer. Talvez a diferença seja apenas no nível dos resultados reais que elas produzem. Embora pareça haver um hiato, se você examina isso numa escala de tempo limitada, há pouca diferença de capacidade geral entre as pessoas, mas elas podem mudar muito quando se considera um período de tempo mais extenso.

Após a Formatura, a Barreira do Inglês Comercial

Mesmo que um estudante do ensino fundamental seja muito inteligente, dificilmente será um aluno excepcional de inglês quando comparado com um aluno prestes a concluir o ensino secundário. Além disso, aprendi por experiência própria, enquanto trabalhava em uma empresa comercial, que só é possível dominar o inglês com muito estudo.

 Tive um pouco de inglês na universidade, mas muito menos do que o inglês que estudei para o vestibular. No

Vencer as Provações

primeiro ano de matérias gerais na universidade, a ênfase era mais em literatura – por exemplo, ler a obra de Shakespeare. Quando fiz a opção de curso, passei a ler obras em inglês sobre política, questões internacionais e diplomacia. Tornei-me capaz de entender razoavelmente bem o inglês relacionado ao meu campo de estudo. Por isso, achei que não iria ter dificuldade com o idioma quando entrasse no mundo dos negócios.

Acabei arrumando emprego numa empresa comercial, e quando comecei a trabalhar foi um grande choque descobrir como meu conhecimento da língua era insuficiente. Parte do inglês usado em empresas comerciais é muito diferente daquele que aprendemos na escola ou do que aprendi em meus estudos de política e relações internacionais. Não imaginava que fosse assim. Há palavras inglesas usadas especificamente no comércio, mas não vemos isso na escola. As pessoas que optam por cursos acadêmicos relacionados à área comercial com certeza aprendem essas palavras, mas como minha área de estudo era diferente, eu não tinha ideia de que existisse um tipo de "inglês comercial".

Centenas de Palavras Inglesas Que Não Constavam do Dicionário

Naquele tempo, eu usava um dicionário inglês-japonês da Editora Kenkyusha, o mais difundido no Japão, muito respeitado e amplamente empregado. Na época, ele continha cerca de 56 mil verbetes. Mas quando eu lia documentos em inglês no trabalho e encontrava uma palavra que não conhecia, na maioria das vezes o termo não constava do dicionário. Então, honestamente, cheguei a pensar: "Que coisa! Não conseguirei compreender essas palavras utilizadas, pois não constam do dicionário".

No entanto, notei que estranhamente as pessoas ao meu redor não tinham problema em compreender aquelas palavras. Mesmo pessoas que tinham se formado em universidades menos conhecidas, ou universidades particulares, ou escolas técnicas conheciam muitas daqueles termos, pois já estavam trabalhando havia mais tempo do que eu. Lembro que fiquei um pouco chocado ao ver que todo mundo à minha volta conhecia palavras em inglês que eu nunca vira ou aquelas que eu não achava no dicionário.

Enfim, os termos técnicos variam de acordo com a área de atuação. No campo da ciência, por exemplo, há muitos termos técnicos; se a pessoa trabalha numa fábrica de produtos químicos ou num canteiro de obras, vai usar um conjunto específico de termos técnicos também. Se você trabalha na área de comércio exterior, vai encontrar termos próprios de "trading" ou jargões relacionados às transações com moeda estrangeira, o que foi um choque para mim, porque eu nem conhecida essas palavras, nem as encontrava no dicionário.

Como resultado, todo mundo me pareceu incrivelmente inteligente, enquanto eu, embora confiasse no meu bom nível de inglês, de repente senti como se não fosse nem um pouco bom nisso.

As Palavras Desconhecidas Precisam Ser Memorizadas aos Poucos

Nessas horas, não devemos nos deixar desanimar muito. Nos primeiros seis meses ou mais na empresa, eu sentia como se tivesse mergulhado de cabeça numa piscina. Demorou quase seis meses para conseguir colocar a cabeça para fora dessa piscina e poder respirar livremente, período em que, sofrendo a pressão, tudo o que eu podia fazer era estudar esses termos em inglês.

Como as palavras não estavam no dicionário e meus colegas não me ensinavam o que significavam, se eu não descobrisse por mim mesmo, seria ridicularizado; só me restava pesquisar e tentar memorizar o significado delas. E passei a dar duro, concentrado em aprender o inglês usado nas operações de comércio exterior, câmbio e finanças.

Em geral, esses termos só são usados por quem trabalha nessas áreas, e é perfeitamente natural que você não os conheça. Existe hoje um teste chamado TOEIC, que serve para avaliar seu conhecimento de inglês comercial, e dizem que abrange cerca de 8 mil termos de economia. Mas há pelo menos 30 mil ou mais termos de economia usados com frequência. Então, se você se especializa num trabalho relacionado à economia, vai encontrar sempre termos que precisa conhecer. Tudo o que você pode fazer é encarar essa sua ocupação como um desafio, e estudar. Você simplesmente precisa dominar isso.

Na realidade, o que eu fiz foi passar a ler dicionários de inglês e artigos sobre economia em jornais de língua inglesa, sublinhando as frases em vermelho e interpretando-as o melhor que conseguia. Eu anotava as palavras e expressões que não entendia e nos fins de semana ia procurar seu significado. Mantinha um álbum de recortes de artigos de jornal em inglês e ficava metodicamente procurando as palavras, frases ou expressões que eu não conhecia, e depois as copiava em pastas ou cadernos para poder estudá-las mais tarde.

Ao fazer isso, curiosamente você descobre que o número dessas palavras é limitado. Se conseguir dominá-las, poderá passar a usá-las. Não importa se você é mais ou menos inteligente, a questão é se conhece as palavras ou não. Se você usa o inglês no seu trabalho atual, com o tempo acabará ampliando seu vocabulário nas diversas situações.

Isso vai depender do tipo de pessoa que você é. Tem gente que é incapaz de conviver com um sentimento de inferioridade e faz todo o esforço para entender as coisas o mais rápido possível; e tem gente que não se incomoda em não saber. Eu era do tipo que logo desenvolvia um forte complexo de inferioridade quando não era capaz de fazer alguma coisa. Então me esforçava muito, achando que precisava arrumar um jeito de me equiparar aos outros. Se você fizer isso, verá que acaba dominando o assunto sem perceber.

Palavras Usadas com Sentido Diferente nas Empresas Comerciais

Além disso, em empresas comerciais algumas palavras às vezes são usadas com sentido diferente do habitual. Por exemplo, a palavra inglesa *assignment*. Quando estava na escola, aprendi que ela significava "lição atribuída para estudo em casa". A sua lição de casa recebida para fazer durante as férias no meio do ano é um *assignment*. Mas nas empresas comerciais não significa lição de casa.

Um dia, um colega mais veterano me perguntou, "O que você pretende fazer em relação ao seu *assignment*?" Eu pensei, "Ahn? Minha lição de casa? Que estranho! Do que será que ele está falando? Com certeza eu não tenho nenhuma lição de casa", só que na verdade ele se referia à "tarefa" que me havia sido atribuída. Porque *assignment* também pode significar o trabalho ou tarefa que é designado a alguém. Empresas comerciais costumam usar muitos termos em inglês, e é comum você ouvir coisas como: "O que você pretende fazer em relação ao seu *assignment*?"

Certa vez, quando ouvi um colega formado por uma universidade desconhecida, mas veterano na empresa, usando esse termo numa conversa comigo, cheguei a me perguntar se eu tinha escolhido a carreira certa. No entanto, depois que você aprende o significado palavra, torna-se uma coisa trivial. Mas numa empresa de "trading", as pessoas riem de alguém que acha, por exemplo, que *assignment* significa "lição de casa" e não entende que eles estão falando das suas tarefas específicas recebidas no trabalho.

Entrar numa Empresa Onde Se Usam Termos Desconhecidos Requer Esforço de Adaptação

O mesmo pode acontecer com palavras em japonês e em outras línguas. Por exemplo, um chefe de seção cerca de vinte anos mais velho do que eu virou um dia para mim e disse: "Hoje é um dia cinco-zero, então lembre que o trânsito vai estar péssimo" e fiquei me perguntando o que seria um dia "cinco-zero". Era uma expressão que eu não tinha aprendido na escola, então não conhecia. Ele disse: "O quê? Você não sabe o que é um dia cinco-zero?!" e eu tenho a lembrança desagradável de ter sido ridicularizado.

O significado de um dia "cinco-zero" é trivial. No Japão é simplesmente um dia que termina com cinco ou com zero, como os dias 5, 10, 15, 20, 25 ou 30 de cada mês. O trânsito fica pior nessas datas pois são dias de vencimento de prazos de transações comerciais. Há mais carros nas ruas, então se você tiver de ir a algum lugar, pode se atrasar.

Mas eu nunca ouvira a expressão antes, então perguntei o que significava, e a resposta foi: "O quê? Você se formou pela Universidade de Tóquio e não sabe o que é um dia 'cinco-zero'?" Eu tive vontade de dizer que não há aulas na Universidade de Tóquio sobre expressões como essa, mas isso seria desrespeitoso com meu chefe, então fiquei quieto.

"Nem isso você sabe!", ele disse, e era verdade. Eu de fato não conhecia sequer uma expressão tão corriqueira como essa. Era uma falha eu não saber, porque se você está trabalhando numa empresa comercial, supõe-se que conheça essa expressão. Portanto, existem muitos termos de negócios e comércio que as pessoas na condição de estudantes não conhecem, tanto em japonês quanto em inglês. Eu descobri também muitos termos que não conhecia, relacionados a faturas e contratos, por exemplo.

Lembro que toda vez que eu via uma palavra que não conhecia, ficava chateado. Embora tivesse sido considerado um aluno brilhante nas matérias gerais da universidade, no trabalho encontrei muitas palavras que definitivamente nunca tinha ouvido antes. Alguém com certa experiência em trabalhar numa empresa conhece essas palavras, mas um funcionário novo não, o que complica bastante sua situação. Mas você não pode apenas ficar sofrendo com o fato de não saber. Deve continuar seu trabalho e se esforçar para aprender aquelas palavras.

Se uma pessoa vai ou não tentar aprendê-las, provavelmente depende do indivíduo, mas se você de fato quer aprendê-las, terá de estudá-las sozinho. Ninguém vai ensinar você, é algo que terá de fazer por sua conta, memorizando o vocabulário ou fazendo algumas leituras e ampliando o seu conhecimento. Lembro-me de ter feito isso durante o período em que trabalhei nessa empresa de comércio exterior.

Passei tempos difíceis estudando antes de entrar na universidade, mas depois que entrei, acho que fui bem nos meus estudos acadêmicos. Quando comecei a trabalhar e deparei com palavras que eram de uma área não familiar para mim, tive a experiência de me ver totalmente incapaz de realizar meu trabalho. Para mim, a impressão era de que demorou um tempo incrivelmente longo até eu poder me sentir à vontade. Mas depois de uns seis meses eu já entendia as palavras que meus colegas usavam.

Quando você assiste a um seriado antigo ambientado em determinadas regiões do interior do país, por exemplo, depara com palavras que nunca ouviu antes, e é difícil entender o que as pessoas estão dizendo. Exatamente da mesma forma, havia muitos momentos no trabalho em que um monte de palavras desconhecidas ficavam sendo disparadas de um lado para outro, e eu não entendia nada. Um funcionário novo como eu não conseguia se comunicar com os chefes de seção, então eu tinha que pedir a colegas dois ou três anos mais antigos para que "traduzissem" para mim. Muitas vezes riram de mim. É uma experiência marcante.

Quando Atuava na Empresa Comercial, Meus Erros Me Despertaram para a Ação

Durante o tempo em que trabalhei na empresa comercial, recebi muitos insultos e críticas, não só quanto ao vocabulário, mas por erros na maneira de trabalhar e nos procedimentos. Fui alvo até de críticas pessoais. Mas, refletindo sobre isso agora, sinto-me grato por aquelas experiências, pois serviram para me despertar para a ação.

Ninguém é o "Senhor Perfeito" desde o início. O que você não sabe, não sabe. O que você não consegue fazer, não consegue fazer. Mas se não tentar aprender o que não sabe, nunca saberá. Se não fizer um esforço para dominar o que não é capaz de fazer, nunca conseguirá fazê-lo.

Se você simplesmente desiste e diz: "Não consigo fazer isso", não vai avançar nada. Nesse caso, será rotulado de "incompetente" e demitido, ou será considerado um funcionário inútil. São os únicos caminhos disponíveis. A questão é se você consegue superar isso ou não. E é nisso que você deve ser forte e tratar de suportar. Isso vale particularmente para jovens que acabaram de atingir a maioridade e começaram a trabalhar. Quando você sai para o mundo, encontra muitas palavras e ideias que não compreende. Todo mundo vivencia isso. Quem já teve essa experiência vai entender bem, mas quem vive isso pela primeira vez fica totalmente perdido.

Também aprendi que você precisa aprender coisas com antecedência, mesmo no mundo aqui fora. Não basta simplesmente fazer o trabalho que lhe dão para fazer. Você precisa observar com interesse o trabalho de seus colegas mais antigos ou dos seus chefes que forem dez anos mais velhos que você. Precisa ouvir com atenção as palavras que eles usam ao telefone ou em conversas. Prepare-se com antecedência e pense: "Esse é o tipo de trabalho que estarei fazendo em poucos anos".

É importante reunir informações enquanto você aprende, e estudar coisas com antecedência. Você precisa pensar se será capaz de fazer aquele tipo de trabalho quando chegar ao cargo deles. Isso é o que eu aprendi naquela época.

3

O Desafio de Realizar Tarefas Não Familiares

Abandonei Tudo e Fundei uma Religião Sem ao Menos Ter Capital para Iniciar

Já escrevi outras vezes sobre os dias que antecederam minha renúncia ao mundo material para dar início ao movimento espiritualista e religioso da Happy Science. Isso ocorreu quando passei pela experiência de "derrotar o demônio e alcançar a iluminação"[9]. Para mim, foi angustiante precisar deixar a empresa onde trabalhava e me estabelecer por conta própria. Foi um enorme desafio. Estava sendo questionado se era capaz de me virar sozinho depois de abandonar tudo o que conquistara por meio dos meus esforços até então.

A maior parte do meu trabalho na empresa comercial tinha sido no departamento financeiro, onde passei bastante tempo, ou seja, entendia muito desses assuntos. Sabia, por exemplo, como elaborar um plano financeiro. Assim, antes de fundar a Happy Science, preparei uma previsão financeira bastante desanimadora, já que não tinha quase nenhum capital para fundá-la.

---

9. Experiência narrada nos livros *A Juventude El Cantare* e *Meu Caderno de Exercícios da Vida*, atualmente disponíveis somente em japonês; posteriormente ambos serão lançados em português pela Happy Science.

As Leis da Perseverança

Os espíritos elevados do mundo celestial me disseram que algumas pessoas logo iriam entrar em cena para me ajudar, mas no começo não havia ninguém. Quando comecei a publicar os livros com mensagens espirituais, recebi muitas cartas de fãs. Mas não havia ofertas concretas como: "Vou contribuir em tal ou qual medida, então, por favor, faça uso disso" ou "Vou contribuir com tanto dinheiro".

Assim, eu não possuía alicerces firmes, mas no final pensei: "Se não fizer isso agora, nunca serei capaz de fazê-lo" e mergulhei de cabeça e fundei a Happy Science. Comecei sem nenhum dinheiro e aos poucos fui expandindo nossa pequena organização.

Estudar a História de Grupos Religiosos e Aprendendo com Seus Fundadores

Embora não consiga me lembrar de todos eles agora, enfrentei um grande número de desafios naquela época. Concebi muitos meios criativos e engenhosos em áreas que não eram conhecidas nem mesmo pelas pessoas que se uniram a nós depois que já éramos uma grande organização.

Anteriormente, mencionei as dificuldades que tive ao cruzar com um campo que eu não havia estudado na universidade. Ao fundar a Happy Science, vivenciei a dificuldade de lidar com tarefas desconhecidas. Não havia nada que eu pudesse tomar como referência quando decidi iniciar um movimento espiritualista e religioso. Nunca ninguém me ensinara nada a respeito de como criar uma religião, e não havia onde aprender isso. Então, conforme liderava nosso movimento espiritualista e religioso, li muito sobre os fundadores de outras religiões e sobre a história das organizações religiosas, e comparei o que cada grupo tinha a dizer. No entanto, não havia nada naquelas biografias e histórias que fosse diretamente útil como referência. Mas elas traziam informações, como a idade dos fundadores quando eles realizaram certas coisas, então me inspirei nisso enquanto tentava "descobrir" como deveria fazer para iniciar o nosso movimento.

Eu comparava vários escritos e ficava imaginando: "Naquela época, eles devem ter feito algo mais ou menos como isso" ou "Eles devem ter adotado tal abordagem" e cheguei a um entendimento geral de como uma organização religiosa provavelmente deveria ser dirigida. Foi assim que estudei e estabeleci como deveria ser a Happy Science.

A Criação de Centros de Treinamento Espiritual e de uma Editora

O mesmo ocorreu quando fundei a editora IRH Press. Olhando para trás, parece até engraçado, mas obviamente eu não tinha nenhuma experiência em administrar uma editora, então foi muito difícil. Ter trabalhado numa empresa comercial não significava que eu tinha algum conhecimento sobre como criar e conduzir uma editora.

Mas, com a colaboração de um discípulo que tinha experiência na área gráfica, fui capaz de lançar uma editora interina. Ele prometeu nos ajudar a publicar livros internamente até que a IRH Press estivesse estabelecida como empresa, e depois transferiria todos os direitos e interesses para nós. Contudo, quando a editora IRH Press tornou-se uma empresa juridicamente constituída, ele começou a criar resistência, porque não queria perder aqueles direitos e interesses. Foi uma situação muito difícil, já que a Happy Science não podia adquirir os direitos dos livros, mesmo tendo sido eu o autor deles.

Naquela época, um dos nossos espíritos guia, Gyōki[10], orientou-me com o seguinte conselho: "Mesmo que você não consiga administrar uma editora, não deve recorrer a outras pessoas para que o façam para você e apenas ficar esperando para colher os frutos. Você mesmo deve se esforçar para construir a editora". Ao receber esse conselho, lembro que estudei muito sozinho.

Depois disso, como parte de nosso principal trabalho espiritualista e religioso, construímos vários Centros de Treinamento Espiritual, chamados de *Shoja*. No entanto, como eu nunca tinha construído um *shoja*, que é uma instalação onde as pessoas se reúnem para participar de treinamentos de aperfeiçoamento espiritual, cursos especiais e cerimônias, precisei idealizar todos os detalhes por mim mesmo. Quando deleguei esse trabalho a funcionários da nossa equipe, tudo o que eles construíam ficava parecido com edifícios de escritórios, então precisei trabalhar duro para mudar isso.

O Cursinho Preparatório de Estudos da Verdade Espiritual Deu Início à Escola Happy Science

Depois que crescemos como instituição espiritualista e religiosa, fizemos também um grande esforço para criar a Aca-

---

10. Gyōki (668-749): Monge budista japonês que viveu no período de Nara. Foi o primeiro a receber o título de *Daisōjō* (a categoria mais alta de vida monástica no Budismo). Espírito da classe dos *bodhisattvas*, isto é, um ser da sétima dimensão espiritual, um anjo.

Vencer as Provações

demia da Happy Science, uma instituição educacional. Antes de criá-la, adquirimos experiência com o cursinho preparatório da Verdade Espiritual, "Sucesso Número 1", por cerca de dez anos, e usamos isso para alavancar a criação da nossa academia.

Quando abrimos o "Sucesso Número 1", anunciei desde o início minha intenção futura de criar uma escola. Mas devo reconhecer que, logo após ter iniciado o programa "Sucesso Número 1", ainda não tinha muita certeza se conseguiríamos. Eu não fazia ideia de como montar uma escola, mas sabia que para isso precisaria, no mínimo, ter conhecimento e informação sobre o que as crianças devem estudar. Então, para começar, ensinamos a Verdade de Buda e ao mesmo tempo dávamos orientação para preparar os estudantes para as provas e exames nas escolas do ensino fundamental e ginasial. Eu tinha esperança de que algum caminho acabaria se abrindo se acumulássemos conhecimento e informações nessa área. E, de fato, fui capaz de montar uma escola, exatamente como planejara de início.

Agora estamos trabalhando para iniciar a Universidade da Happy Science, cuja inauguração está prevista para 2015. Quando criei nossa organização, achava que seria muito difícil abrir uma universidade. Agora, porém, que estabeleci como meta "fundar uma universidade", consigo pensar sobre o conteúdo que vai ser ensinado nela, para o qual estou produzindo um esboço geral de currículo. Como preciso ser capaz de entender e de falar sobre qual será a essência dessa universidade, estou estudando muito e me preparando adequadamente. No entanto, terei de confiar a administração diretamente a outras pessoas. Mas já aprendi a fazer muito bem isso com as experiências anteriores.

As Leis da Perseverança

Iniciar um Partido Político com Pessoas Inexperientes

Estou enfrentando o mesmo desafio com o "Partido da Realização da Felicidade". Ainda encontramos muitos obstáculos e dificuldades, e não espero alcançar uma grande conquista de imediato, já que o lançamento do nosso partido foi há apenas alguns anos.

Não seria difícil eu simplesmente transmitir minhas opiniões e comentários críticos escrevendo livros sobre a reforma política e publicá-los. A partir de estudos políticos e de comunicação em massa, posso escrever muitos livros a respeito. Já que temos uma editora, poderia publicar os livros por ela, e seria perfeitamente possível divulgar minhas opiniões como comentarista especializado.

No entanto, lancei um partido político contando apenas com a ajuda de fiéis e funcionários que não tinham nenhuma experiência em política – e os últimos anos têm sido muito difíceis. Mas, em vez de apenas divulgar minhas opiniões sobre política, decidi lançar um partido. Como todos nós estudamos juntos e estamos sempre realizando várias atividades em grupo, aquilo que eram simplesmente as minhas opiniões pessoais foi aos poucos ganhando corpo e acabou virando o enfoque de uma grande organização.

O Partido da Realização da Felicidade está crescendo de forma consistente como organização e, nesse sentido, estamos vendo um enorme aumento de sua influência na sociedade. Acredito que algum dia ele poderá se tornar uma força para promover avanços no Japão e no resto do mundo.

Estou olhando para um futuro distante. Pessoalmente, tenho objetivos que se harmonizam com isso. No entan-

Vencer as Provações

to, se me perguntassem se o atual Partido da Realização da Felicidade possui realmente conhecimento suficiente de atividades políticas ou experiência política para que lhe seja entregue o governo do Japão, eu teria de admitir que em alguns aspectos isso não seria muito adequado. Portanto, acho que vamos ter que continuar como estamos agora, estudando juntos e acumulando conhecimento e experiência. Isso significa que ainda deveremos suportar com paciência fracassos, reveses, críticas e insultos.

As Leis da Perseverança

4

Nunca Abandone Seus Ideais

Não Tema o Fracasso e Desenvolva a Capacidade de Suportar Críticas

A vida é assim. Se você teme o fracasso, só lhe resta escolher o caminho mais fácil e ficar concentrado apenas no que já consegue fazer ou naquilo em que você é bom, e mais nada. Essa é uma escolha na vida. Mas se você aceitar novos desafios, sempre irá encontrar dificuldades.

Não é usual que o sucesso venha instantaneamente. Você não consegue alcançar suas metas sem pagar suas contas. Até conseguir resultados, é importante continuar desenvolvendo sua força espiritual e acumular esforço constante. E mais: você também precisa adquirir "forças para suportar críticas". Mesmo que as pessoas digam todo tipo de coisas ofensivas a seu respeito, é muito importante superar isso adquirindo forças para suportar.

Algumas pessoas, como os políticos profissionais, têm suas próprias opiniões. Conforme as eleições se aproximam, porém, as críticas da oposição tornam-se cada vez mais duras, então eles se retraem e começam a expressar-se de forma ambígua. Dizem apenas o que acham seguro dizer. Na verdade, estão simplesmente adotando a uma atitude do tipo: "Não prometa nada. Não revele nada. Não se comprometa com nada".

Vencer as Provações

Nós, do Partido da Realização da Felicidade, podemos ainda ser classificados como políticos amadores, mas, do nosso ponto de vista, o comportamento ou postura dos políticos atuais não é a forma ideal de fazer política. Um governo confiável deve afirmar claramente o que precisa ser feito e esforçar-se para cumprir o que prometeu.

Não acredito que seja correto uma instituição democrática falar em termos vagos e ambíguos. Ou dizer coisas que contradizem suas próprias opiniões e, depois de eleito, mostrar-se insolente e agir de forma diferente. Existem coisas em relação às quais não se deve fazer concessões, não importa o quanto você seja criticado. Nesse sentido, é importante nunca fazer concessões no que se refere às suas próprias crenças e ideais. Se não há nada de errado com seus motivos e objetivos, você deve encarar as dificuldades. Do contrário, nunca conseguirá sucesso em coisa nenhuma, seja no campo da religião, da política, dos negócios ou da educação.

Avance Constantemente, Mesmo Que a Passo de Tartaruga

No que se refere a superar provações, acredito que se você se empenhar a sério em lidar com as inúmeras dificuldades que surgirem e tentar superá-las, isso o levará a um caminho de sucesso na vida. Se você reza a Deus para não deparar com nenhuma provação e pede apenas uma vida pacífica, nos seus últimos dias provavelmente irá se arrepender por ter tido sonhos pequenos demais.

Em vez de visualizar um sonho insignificante e ficar feliz por poder dizer: "Atingi isso 100%", eu prefiro deixar este mundo dizendo: "Não alcancei meu objetivo, mas cheguei à metade do caminho. É uma pena, mas vou deixar o resto para os meus sucessores". É assim que me sinto.

Nesse sentido, você deve se tornar mais forte e desenvolver a habilidade de resistir a quaisquer críticas. Não existem todas aquelas "armas" que poderiam ajudá-lo a combater as críticas. Você precisa de força para suportá-las com paciência, como uma tartaruga que protege seu corpo dentro do casco. E mesmo que as críticas continuem, é importante seguir adiante como uma tartaruga, um passo por vez.

Em outras palavras, você precisa acumular esforços firmes. Mesmo que seja ridicularizado como amador, se continuar trabalhando duro será capaz de seguir o caminho que o levará a se tornar um profissional antes que se dê conta disso.

Passaram-se mais de quarenta anos desde que tive o desejo de aprender. Qualquer pessoa que persista por mais de quarenta anos, não importa quem seja, irá conseguir um nível superior à média das pessoas. Você precisa dedicar muito tempo às coisas que não consegue dominar em pouco tempo com a capacidade que tem, então, o importante é continuar em frente como uma tartaruga. Você precisa fazer esforços constantes.

Tenha a Coragem de Voltar ao Ponto de Partida e Recomeçar do Princípio

Mesmo que você fracasse e perca tudo, é importante ter coragem de começar de novo do princípio. Quando encontro provações ou dificuldades, sempre tento voltar ao meu ponto de partida. Então relembro: "Eu não tinha nada antes de começar a Happy Science, não tinha seguidores, nem fundos, e nada que me servisse como capital. Não tinha conhecimento nem experiência suficiente. Comecei naquela época tateando, tentando achar um caminho para avançar, e agora vejo que já cheguei bem longe".

Se isso não for suficiente, vou ainda mais fundo e penso: "Nasci numa área rural e fui criado como uma criança comum. Mas, percebendo que podia abrir caminho e avançar apenas com um lápis na mão, tomei gosto por aprender e aos poucos consegui reconhecimento. Fazendo uma retrospectiva e vendo o tempo que transcorreu desde então, um fator fundamental para o meu sucesso foi que não parei de caminhar para a frente".

Tentei muitas coisas. Se tivesse consultado cem pessoas antes de começar meu trabalho espiritual e religioso, provavelmente todas teriam me aconselhado a abandonar um sonho tão absurdo. Na verdade, realizei uma façanha que cem pessoas sem dúvida teriam desaconselhado. Elas teriam se oposto a isso não porque fossem críticas, mas porque estavam de fato preocupadas comigo. Sem dúvida, o fato de ter conseguido isso demonstra minha autoconfiança.

Uma Grande Aspiração É a Chave da Perseverança

Há uns dez anos, contraí uma doença potencialmente fatal e pensei ter entrado no estágio final da minha vida. Lembro que naquela época, enquanto estava no hospital, fiz a revisão de *As Leis do Sucesso*[11]. Escrevi seu Prefácio e Posfácio,

---
11. Lançado pela IRH Press do Brasil Editora Limitada.

As Leis da Perseverança

ignorando completamente o fato de estar doente, preparando um texto muito confiante.

Mais ou menos na mesma época, instruí a sede geral da Happy Science a produzir um anúncio celebrando a publicação do meu quadricentésimo livro. Naquela época, achava que escrever quatrocentos livros era suficiente para o trabalho de uma vida, e lembro de ter dito ao médico: "Já realizei palestras suficientes e escrevi cerca de quatrocentos livros, então talvez já faça sentido morrer agora".

No entanto, embora já tivesse publicado quatrocentos títulos há dez anos, em meados de 2013 eles já eram 1.400, se eu incluir os lançados no exterior e as publicações internas da Happy Science. Naquela época eu também já havia feito quase mil palestras, mas agora esse número já passou de duas mil. Dessa forma, vivenciei por mim mesmo que justamente quando as pessoas acham que o fim chegou, é hora de começar de novo.

Quando iniciei uma turnê de palestras sobre as Verdades espirituais pelas nossas unidades locais da Happy Science no Japão, em 2007, pensei: "Talvez essas sejam minhas últimas palestras, então pretendo encontrar todos os membros de nossas filiais locais pelo menos uma última vez, como um adeus final". Mas conforme ia visitando as filiais, meu corpo ficava mais forte. Fui ganhando força aos poucos e passei a ter mais energia do que antes. Podia trabalhar tanto que me perguntei o que eu tinha estado fazendo até aquele momento. Ou seja, você nunca sabe o que a vida vai lhe trazer.

Esse tipo de perseverança obstinada é importante. Ela se apoia em ter grandes aspirações e não desistir facilmente. Isso é o fundamental.

Vencer as Provações

Vamos Nos Unir para Multiplicar Nosso Poder de Realizar um Grande Trabalho

Neste capítulo, falei principalmente sobre minhas experiências, embora isso me deixe um pouco constrangido. Gostaria que cada membro ou funcionário da Happy Science também adquirisse conhecimento, sabedoria, experiência e força de vontade, crescesse e se desenvolvesse. Ao mesmo tempo, a Happy Science deve começar a lançar mão do trabalho em equipe e realizar um grande feito como organização. Esse é o nosso próximo desafio.

O trabalho que um indivíduo isolado consegue fazer é pequeno. Mas quando muitas pessoas juntam forças, são capazes de realizar uma grande obra. A união das pessoas não pode ser simplesmente uma "adição". Se alguém faz apenas aquilo que pode ser feito por uma pessoa, então duas pessoas irão fazer o trabalho de duas. Se houver cinco, farão o trabalho de cinco, e se houver dez, o de dez, mas isso não é suficiente. Devemos ser capazes de multiplicar o poder das pessoas para poder realizar grandes feitos.

É minha tarefa a partir de agora levar a Happy Science adiante, para que possamos realizar uma obra com grandes valores adicionais, que criem um efeito propagador e exerçam maior influência, beneficiando nossa grande organização. Acredito que a missão daqueles que me seguem é ter esse mesmo objetivo e desejar oferecer orientação ao mundo. Neste capítulo, fiz um resumo do tema "superar dificuldades". Espero que seja de grande utilidade.

Capítulo Três

Dando Origem à Virtude

Abandone o Ego e Siga a "Vontade Divina"

Dando Origem à Virtude

1

Olhe-se de uma Perspectiva Mais Ampla

Nutrir a Virtude nas Pessoas Não É uma Tarefa Fácil

Recentemente, tenho pensado muito sobre a virtude e gostaria de ensinar algo a respeito. Embora o ano de 2013 marque o "décimo segundo aniversário da data em que atingi a Grande Iluminação" e o "vigésimo sétimo da fundação da Happy Science" como instituição espiritualista e religiosa, ainda sinto que não transmiti ensinamentos suficientes a respeito da virtude aos meus discípulos. Minha preocupação neste momento é como devo transmitir "A Filosofia da Virtude" para que possa ser facilmente compreendida.

Em geral, as pessoas tendem a pensar de acordo com sua posição ou status dentro do grupo ao qual pertencem. Portanto, para elas é difícil perceber como são vistas fora de seu grupo, em termos mais gerais ou da perspectiva de pessoas de outros países. É muito difícil enxergar a si mesmo a partir desses prismas.

De modo geral, tendemos a nos situar num grupo de pessoas que pensam de maneira parecida, e têm capacidade e talentos semelhantes aos nossos. Assim, mal conseguimos imaginar que tipo de pensamento ou sentimentos fluem pela mente das pessoas que estão em um círculo completamente diferente do nosso.

Não é muito fácil responder à questão sobre o que as pessoas precisam fazer para se tornarem virtuosas. Desde que abrimos a Escola Fundamental II e de Ensino Médio da Happy Science, começamos a nos preocupar com a questão da "educação moral" e como "nutrir as pessoas para que se tornem virtuosas". Mas, se me perguntarem: "Que tipo de educação exatamente vai fazer surgir a virtude? Que tipo de pessoa alguém precisa se tornar para que seja considerada virtuosa?" Estou bem consciente de que não é muito fácil responder a essas perguntas.

O Que É Considerado Virtude para um Grupo de Pessoas Pode Não Ser para o Mundo

Há pouco tempo, recebi um relatório da nossa Divisão de Estudantes sobre encontros de novos alunos que entraram nas universidades em 2013.

Alguns dos que cursaram o ensino médio em nossa Escola da Happy Science conseguiram entrar em universidades consideradas de elite. Claro, eram estudantes altamente conceituados e respeitados dentro da Escola da Happy Science e tidos como "pessoas de virtude". No entanto, quando entraram em universidades que reúnem elites de todo o Japão e passaram a conviver ali, descobriram que não era tão fácil serem aceitos por todos. Falando mais claramente, eles foram ridicularizados ou criticados.

Quando esses estudantes que se formaram na Escola da Happy Science tentam mostrar sem reservas que tipo de pessoas são para os novos colegas de universidade e desejam transmitir suas crenças e fé aos outros, enfrentam comentários desrespeitosos e às vezes caem em depressão, ficando sob as influências espirituais negativas.

Enquanto esses jovens viviam dentro de um grupo que compartilhava a mesma fé e crença, sentiam-se protegidos e eram altamente conceituados. Mas quando entram em outras universidades, vivenciam situações inacreditáveis. Na realidade, o normal é que os alunos passem por "escolas comuns" que não têm nenhuma relação ou ensino relacionado a religiões ou espiritualidade.

Nessas "escolas comuns", os estudantes que declaram possuir uma fé são considerados "incomuns" e geralmente sofrem discriminação. Com isso, tornam-se conscientes de que "precisam aprimorar sua sabedoria para sobreviver". Já os estudantes que convivem durante anos numa escola como a da Happy Science, voltada para criar uma elite religiosa, precisam construir uma resistência para superar esse tipo de discriminação. Então, mesmo que tenham obtido ótimo desempenho durante o período escolar, depois que seguem para o mundo exterior com frequência enfrentam tempos difíceis.

Portanto, precisamos desenvolver um modo de pensar que lhes permita sobreviver bem no mundo exterior. Caso contrário, os formandos de nossa escola de ensino médio irão tentar se refugiar na Universidade da Happy Science simplesmente pelo fato de sentirem que não serão bem aceitos em outras universidades, e isso será um problema. E o mesmo problema pode se repetir depois que se formarem em nossa universidade, quando tiverem de enfrentar o mundo exterior.

Por isso, precisamos analisar se o que chamamos de "virtude" na Happy Science é algo aceitável no mundo em geral. Algo naturalmente considerado como positivo por um grupo homogêneo de pessoas nem sempre é avaliado da mesma forma fora do grupo. Devemos estar conscientes de por que isso acontece.

Ao Ser Capaz de Se Ver de uma Perspectiva Mais Ampla, Você Expande Sua Virtude

Como mencionei, no final precisamos encontrar respostas para: "Como somos vistos por pessoas que pertencem a grupos diferentes do nosso? Como a sociedade ou a nação como um todo nos vê? Como somos vistos por outros países? Será que conseguimos olhar para nós mesmos de uma perspectiva mais ampla?" Acredito que, em certo sentido, ao ser capaz de se olhar por uma perspectiva mais ampla, você estará expandindo sua virtude.

Há pessoas em diferentes campos da sociedade que alcançam várias formas de sucesso e avançam na vida. É muito difícil entender como os outros avaliam isso. O presidente de uma grande empresa pode ser visto e se sentir orgulhoso como um imperador dentro dela. É muito difícil saber de que modo estamos sendo avaliado pelo mundo exterior. Devemos aceitar isso de forma objetiva, mesmo sabendo que é bastante difícil.

Dando Origem à Virtude

2

Esforce-se para Não Ser Condicionado pelas Leis do Mundo Animal

Este Mundo É Regido pelas Leis Naturais do Mundo Animal

Aqui, antecipadamente, vou apresentar a resposta para a compreensão desse tipo de problema. Se considerarmos os humanos como seres que possuem os atributos de um organismo, de uma criatura viva ou animal, é perfeitamente natural que eles ajam em benefício próprio. Também é natural que evitem qualquer coisa que os coloque em desvantagem. É muito natural, portanto, que os seres humanos tenham esses traços.

Nos animais, isso é muito visível. Os que têm corpos grandes ou uma natureza muito agressiva, como leões, tigres, rinocerontes e crocodilos, vão desenvolver ao máximo suas características de força e habilidade para derrotar seus adversários. Seu modo de sobrevivência é baseado no princípio de que "atacar é a melhor defesa".

Por outro lado, os animais mais fracos que se tornam "presas", tais como coelhos, esquilos, ratos, veados e zebras, seguem o pensamento de que "precisam ser capazes de detectar o perigo e fugir". No Japão há um ditado que diz: "Um coelho esperto cava três tocas". Isso explica a regra de pensamento dos coelhos para escapar preparando diferentes esconderijos. As orelhas grandes dos coelhos permitem que eles escutem bem, enquanto animais com bigodes, como os gatos, fazem uso deles para captar o que há no ambiente em sua volta, mesmo em lugares escuros, como debaixo da terra ou dentro de um buraco.

Desse modo, para os animais mais fracos, o ponto importante é se proteger bem, enquanto para os animais fortes o importante é atacar, capturar a presa e colocar-se numa posição de vantagem. Essas duas tendências também existem na personalidade das pessoas, embora variem de uma pessoa para outra.

Também há indivíduos cujas personalidades se situam entre esses dois tipos, como se fossem raposas e guaxinins, que trilham seu caminho na sociedade usando o recurso de ludibriar os outros. Visto sob o lado positivo, também é sabedoria. Talvez isso seja um tipo de sabedoria do mal. O fato é que, para sobreviver, muita gente faz uso de algum tipo de "sabedoria". É assim que funcionam as "leis da natureza do mundo animal".

Líderes Espirituais, Religiosos e Revolucionários Desafiam "as Leis da Natureza"

Em termos históricos, podemos dizer que pessoas que foram consideradas "virtuosas" muitas vezes agiram de maneiras que vão contra as leis da natureza. Elas fizeram ou fazem coisas que as pessoas comuns não fariam.

Em suas ações, há um grau de sabedoria superior àquela que pode ser concebida pelas pessoas comuns. Em seu íntimo, são conscientes do que vai acontecer no futuro e tomam decisões e praticam ações com base em sua grande sabedoria, mesmo que os outros não entendam isso naquele momento. Alguns são capazes de detectar o mal naquilo que está sendo feito em sua região e época, e decidem não ceder a esse mal. Recusando submeter-se a tais valores, lutam contra eles, mesmo que isso lhes custe a vida. Esse tipo de atitude é particularmente comum entre líderes espirituais, religiosos e revolucionários.

Às vezes, encontramos pessoas virtuosas e respeitadas entre aquelas cujas ações contrariam as leis da natureza. Infelizmente, porém, são poucas as que obtêm reconhecimento em vida. Muitas são reconhecidas algum tempo depois de sua morte, e outras, jamais.

Não é fácil ser reconhecido centenas de anos depois de viver neste mundo como um ser humano, tendo que trabalhar para ganhar a vida e sustentar uma família. Enquanto você ainda está vivo, precisa ser reconhecido por sua família, colegas e chefes. Essas pessoas que são reconhecidas séculos ou talvez mil anos depois do seu tempo são geralmente chamadas de "sonhadoras". Portanto, essa é uma questão bastante difícil.

MacArthur Viu o Imperador Shōwa Como um "Deus Vivo"

Para que você possa compreender facilmente o que estou dizendo, vou apresentar exemplos de vários líderes. Um deles foi o Imperador Shōwa do Japão. Conta-se que quando MacArthur[12] chegou ao Japão como Supremo Comandante

---

12. General Douglas MacArthur (1880–1964): teve um papel de destaque na Guerra do Pacífico, durante a Segunda Guerra Mundial.

das forças de ocupação, ficou muito admirado quando o Imperador Shōwa[13] veio pessoalmente ao quartel-general das forças de ocupação aliadas e disse: "Não estou preocupado com meu próprio destino. Não me importo se for condenado à morte, o que eu peço é que distribuam alimentos e ajudem o meu povo". Talvez possa haver algum exagero nessa história.

Dizem que MacArthur ficou admirado com a ida do Imperador Shōwa ao QG aliado. Isso porque havia forte possibilidade de ele ser preso e condenado à morte. Segundo relatos, MacArthur disse algo como, "vi nele um deus vivo", embora possa também haver exagero nesse episódio.

Além disso, depois de perder a guerra, o Imperador Shōwa fez uma viagem imperial pelo Japão sem praticamente nenhuma segurança para protegê-lo. Mas não ocorreu nenhum incidente terrorista ou motim. As forças de ocupação ficaram impressionadas com isso. Durante a guerra, o Exército americano considerava o Japão um Estado fascista e uma nação muito maléfica. Achavam que, se o Imperador aparecesse diante das massas, muito provavelmente seria linchado e morto. Mas o imperador Shōwa não era o tipo de pessoa que os americanos supunham, e realizou uma viagem imperial pelo país inteiro sem ser atacado uma só vez, embora não estivesse acompanhado de seguranças.

---

13. Imperador Shōwa (1901-1989): 124º imperador do Japão. Seu nome era Hirohito, e reinou de 1926 a 1989. Orou e cuidou do desenvolvimento do Japão como imperador simbólico depois da derrota do Japão na Segunda Guerra Mundial.

Shōichi Watanabe[14] escreveu sobre isso em um de seus livros. Watanabe passou sua juventude na Província de Yamagata, e na época em que o Japão foi derrotado tinha por volta de 15 anos de idade. Ele testemunhou a visita do Imperador Shōwa à região de Yamagata e escreveu: "Estávamos brincando na represa e quando o Imperador Shōwa chegou fomos correndo saudá-lo. Sua Majestade não havia seguranças com ele". Mesmo sem proteção, o Imperador Shōwa nunca foi atacado.

Quando o pessoal do QG viu essa situação, percebeu que o Imperador Shōwa não era um ditador como Hitler ou Mussolini. Este último teve uma morte triste. Há fotos dele sendo dependurado pelo povo após ser assassinado, um fim terrível. Hitler cometeu suicídio. Foram assim as suas mortes. Ao contrário, o Imperador Shōwa continuou vivo depois da guerra e se esforçou nas décadas seguintes para trazer prosperidade ao Japão. Acredito que o QG viu no Imperador Shōwa alguém extraordinário, e talvez tenha pressentido de algum modo que ele não era deste mundo.

Parece que o próprio Imperador Shōwa sentia uma pesada responsabilidade pelo modo com que muitos jovens haviam se lançado contra o inimigo na guerra, morrendo aos gritos de: "*Banzai!* (Vida longa ao Imperador)", por exemplo, nas chamadas unidades *kamikaze*. Ele provavelmente não se sentiu aliviado daquele peso depois da guerra. Acredito que não se viu livre disso durante toda a sua vida. Mesmo assim,

---

14. Shoichi Watanabe (1930-): japonês estudioso da língua inglesa e crítico. Professor Emérito da Universidade de Sophia, em Tóquio. Além de seu grande domínio da língua inglesa, também se destaca por suas palestras como orador conservador.

sinto que aos poucos ele recuperou sua paz de espírito ao ver a prosperidade que o país alcançou posteriormente.

O Triste Fim de Saddam Hussein, Arrastado de um Buraco no Chão

Não daria nem para ser comparado ao Imperador Shōwa – mas no caso de Saddam Hussein, do Iraque, tive a impressão de que nos foi mostrado algo que não queríamos realmente ver. Depois de todo o alarde que fez e de confrontar até mesmo os Estados Unidos, ele foi capturado escondido como um rato num buraco no chão, nos arredores de sua cidade natal, Tikrit. As cenas dele sendo arrastado para fora de seu esconderijo foram mostradas pela televisão. Ser capturado daquele modo foi algo bastante deplorável; isso seria inconcebível no Japão.

No caso dele, havia uma incoerência entre sua imagem pública e seu eu interior. Ele rugiu como um leão para a plateia, mas na realidade fugiu correndo feito um ratinho. Ao contrário, no Japão, depois da guerra, o primeiro-ministro e pessoas de nível ministerial tentaram suicídio, e alguns conseguiram. Muitos preferiram cometer suicídio antes de cair nas mãos das forças de ocupação. O fim de Saddam Hussein foi sem dúvida inesquecível, e ninguém poderia aprovar sua decisão de ter se escondido daquele modo.

Asahara, o Guru da Seita Aum, Escondeu-se num Quarto Secreto e Fingiu Estar Louco

Muitas pessoas na mídia japonesa achavam já ter visto aquela cena da prisão de Saddam Hussein. Acho que é porque se lembravam dos eventos que vou relatar a seguir.

Dando Origem à Virtude

No chamado Incidente da seita Aum[15], em 1995, a tropa de choque da polícia invadiu as instalações do culto Aum, conhecidas como Satyam, na vila Kamikuishiki (como era chamada na época), na Província de Yamanashi. Mas, por mais que procurassem, não conseguiam encontrar o fundador da seita, Asahara. Depois de um tempo, descobriram que Asahara ficara escondido durante horas num quarto secreto, no teto. A tropa de choque ficou batendo nas paredes do edifício, até que achou um lugar onde as batidas faziam um som diferente. Adivinharam que alguém poderia estar escondido ali. Quando removeram a parede, lá estava ele. Perguntaram, então: "Você é Asahara?" e ele respondeu, "Sim, sou eu". Seu esconderijo havia sido descoberto e ele foi capturado. Os comentaristas de tevê disseram algo como: "Mesmo pessoas como nós, que não são fiéis dessa seita, ficamos decepcionadas com isso. Esperávamos que ele fosse um pouco mais brilhante".

Muitas pessoas viram semelhanças entre as cenas da captura de Saddam Hussein e as de Asahara. Este havia construído um quarto secreto em Satyam para poder se esconder numa emergência. Ele se mostrava um indivíduo agressivo, e fazia ameaças do tipo: "Para salvar a humanidade, vamos espalhar gás sarin de helicóptero no céu de Tóquio e massacrar seus cidadãos", mas preparou de antemão um lugar para se esconder e se proteger, como fazia Lupin III[16] para sobreviver. O que podemos dizer sobre tais contradições?

---

15. A Seita Aum Shinrikio foi a organização responsável pelo ataque de gás sarin de 1995 no metrô de Tóquio.
16. *Lupin III* é uma famosa série de quadrinhos japoneses criada por Monkey Punch, sobre as fugas do mestre ladrão Lupin III.

As Leis da Perseverança

Além disso, ele continuou se fazendo de louco depois de capturado e preso, e também durante seus julgamentos. Não sei se realmente ficou louco, mas talvez tenha ficado, de tanto fingir isso freneticamente para evitar a execução. Não tenho muita certeza dos detalhes disso, mas tive a impressão de que ele estava encenando para escapar da sentença de morte.

Em geral, o que se espera de um líder religioso é que ele seja corajoso e adequado e que continue proclamando suas crenças com convicção até a morte, mesmo que esteja equivocado. Se um líder diz: "Fiz isso por minha crença. Acreditei que a voz de Deus que ouvi era verdadeira e segui sua orientação", isso seria sensato da parte de um líder religioso. O que decepcionou as pessoas foi o fato de ele, ao que parece, estar fazendo várias encenações para proteger a si mesmo.

Dando Origem à Virtude

3

Como Enxergar o Verdadeiro Eu das Pessoas

Podemos Descobrir a Verdadeira Natureza de uma Pessoa Quando Ela Passa por Altos e Baixos

Já mencionei diversas vezes que, se você deseja conhecer a verdadeira natureza de uma pessoa, um método fácil é elevar e abaixar o status dela alternadamente, e observar sua atitude nos dois casos. Você pode ter uma boa ideia de como uma pessoa é promovendo-a ao topo ou rebaixando-a ao último nível, e fazendo-a vivenciar esses dois extremos[17]. É fácil compreender as pessoas usando esse método.

É claro, são poucas as pessoas que ficam bravas por terem sido promovidas. Elas geralmente ficam alegres e se tornam muito leais. Às vezes mostram-se mais gentis, bondosas e generosas com os outros, dando a impressão de que ganharam em virtude. No entanto, no decorrer dos últimos vinte anos, mais ou menos, infelizmente vi muitas pessoas mudarem de atitude de repente ao serem rebaixadas.

Não há nada de particularmente incomum no fato de as pessoas se tornarem mais dedicadas quando são promovidas. No entanto, não são muitas as que conseguem

---

[17]. Tema abordado de modo mais abrangente no livro *A Mente Inabalável*, da IRH Press do Brasil Editora.

preservar essas qualidades quando rebaixadas. Vi pessoas que vivenciaram as duas coisas, promoção e rebaixamento. Só que ao serem rebaixadas perderam a devoção ou a fé, e acabaram se afastando da Happy Science. Isso aconteceu mesmo com aquelas que tiveram a experiência de estar no topo da administração. Também houve aquelas que, ao se desligarem de sua condição de funcionário, abandonaram completamente a organização.

Depois disso, algumas dessas pessoas passaram a atacar de algum modo a Happy Science. Posso até entender como se sentem, mas não se pode dizer que haja virtude nesse comportamento. Assim que perdem um emprego, ou sentem que sua reputação foi prejudicada ou são rebaixadas, fazem um giro repentino de 180 graus. Viram as costas para a fé que possuíam e que até recomendavam aos outros. Não consigo deixar de ter a impressão de que essas pessoas não conhecem bem o que é virtude. Fico decepcionado quando elas revelam essas características.

Embora seja um método de avaliação muito simples, se você observar como uma pessoa age após ser promovida e após ser rebaixada, terá uma boa ideia de sua verdadeira natureza. Pessoas virtuosas não deixam de fazer o que é preciso só porque o status delas aumentou ou diminuiu, pois sabem que o status não representa o que elas são de fato. Por outro lado, pessoas que tomam decisões com base no quanto vão obter de vantagem ou não, por mais que pareçam ser excelentes pessoas em alguns momentos, não passam de indivíduos medíocres.

Dando Origem à Virtude

A Linha Tênue Que Separa o "Herói" do "Vilão" nos Negócios

Além da verdadeira fé religiosa, há neste mundo vários tipos de fé que poderíamos chamar de pseudofé. São aquelas que se baseiam em crenças deste mundo. Algumas pessoas têm uma espécie de fé na formação escolar, como a crença na formação médica. Há também uma falsa crença na ascensão social, em ser promovido a um cargo como o de presidente de empresa ou diretor-geral, ou então uma idolatria por uma empresa ou marca famosa. Existem vários objetos de idolatria, como a "empresa em que você trabalha" ou "quanto dinheiro você ganha".

Não se trata dos mesmos objetivos da fé verdadeira, mas suponho que muitas pessoas sejam levadas por uma falsa fé por algum grau de posição social, a qual todo mundo deseja. Há muitas situações em que as pessoas acreditam que quanto mais alto chegarem, mais os outros irão venerá-las devido a esse tipo de avaliação terrena.

No entanto, chega o dia em que essas pessoas também vão deixar seu emprego. Mesmo presidentes de empresas precisam sair; até mesmo uma pessoa muito rica às vezes perde todo o dinheiro. A questão é se sua reputação ainda vai se sustentar nessa hora.

Quando se trata da área de negócios, existe uma linha muito tênue entre um herói e um vilão. No caso de novos empreendimentos, por exemplo, às vezes você imagina que são um grande sucesso, e de repente vê que os envolvidos vão parar atrás das grades. Ou seja, é muito difícil avaliar adequadamente esses empreendedores. No entanto, muitas outras empresas podem estar fazendo a mesma coisa;

As Leis da Perseverança

por isso, há uma distância muito pequena entre terminar no lado certo ou no lado errado das coisas. Tudo isso tem certa relação com a virtude da honestidade.

Na verdade, quando as pessoas estão obtendo sucesso deveriam praticar o que ensinamos na Happy Science como as "Três Felicidades" (A Felicidade de Poupar, A Felicidade de Compartilhar e a Plantação da Felicidade). Isto é, mesmo nos novos negócios, quando a pessoa está prosperando, deve procurar viver de forma simples e não esbanjar sua boa sorte, e tentar em maior ou menor grau usar o que os céus que lhe concederam para ser útil aos outros, pois dessa forma será cada vez menos afetada pela inveja alheia. No entanto, essa maneira de pensar é pouco comum e as pessoas parecem não saber disso.

Certa vez, determinado executivo, um dos grandes defensores do empreendedorismo japonês, usou a expressão "não há nada que o dinheiro não possa comprar" como chamariz para o seu livro. Talvez tenha sido alguém da equipe editorial que colocou essa frase na capa do livro. Mas isso ofendeu o Departamento de Promotoria do Ministério Público e levou os auditores da Justiça a pensar: "Isso é algo que não podemos aceitar. Precisamos mostrar a ele". Em certo sentido, os promotores foram desafiados pela frase "Não há nada que o dinheiro não possa comprar". Não ficou claro se foi o autor que de fato que adotou aquela frase, mas no final nem mesmo o dinheiro o desvencilhou da prisão.

Na verdade, à medida que se tornar bem-sucedido, você precisará desenvolver certo grau de sabedoria social. Isso inclui uma atitude de autossacrifício, e ao mesmo tempo o desejo de promover a felicidade e o bem-estar das outras pessoas.

Dando Origem à Virtude

Supere Suas Preferências Pessoais e Seja Imparcial ao Analisar os Outros

Quanto mais alta a posição que você alcançar, maior será a influência que terá na vida de outras pessoas; portanto, seja o mais "imparcial e sem ego" possível. É natural que os seres humanos tenham suas preferências e aversões, e sempre existirão pessoas de quem você goste mais do que outras. No entanto, você deve se esforçar para ir além das preferências e aversões pessoais e "adotar uma atitude imparcial". Somente se procurar adotar esse tipo de atitude espiritual é que conseguirá aos poucos se tornar mais imparcial e desapegado do ego.

Se olhar suas experiências passadas, poderá descobrir os tipos de pessoas de que você gosta ou desgosta. No entanto, do ponto de vista de uma empresa, organização ou país, o correto é considerar o quanto uma pessoa é necessária ou não, se é um bom recurso ou não, se é um bom exemplo ou não, ou se é útil ou não. A partir daí, deve-se fazer um julgamento e decidir entre duas opções: "Devemos manter essa pessoa a bordo e protegê-la" ou "Essa pessoa está se tornando uma má influência e deve ser afastada".

Quanto mais alto for seu cargo, mais importante será ter uma atitude de imparcialidade ao analisar se uma pessoa é adequada ou não para determinada função. Nesse sentido, mesmo que você tenha de fato uma personalidade gentil, também precisa ter certo grau de rigor, que é necessário para cumprir as obrigações que um certo cargo exige.

Desenvolva uma Consciência de Si do Ponto de Vista do Público, Adequada à Sua Posição

A Importância dos Deveres Oficiais da Família Imperial Conforme os Escritos de Yamaori

Recentemente, um estudioso das religiões, Tetsuo Yamaori, escreveu o artigo "Por favor, abdique, Príncipe Herdeiro", na revista mensal *Shincho 45* (edição de março de 2013). Depois disso, preparei um livro contendo uma entrevista espiritual com os espíritos guardiões tanto do Príncipe Herdeiro como de Yamaori[18]. Mas antes de ser lançado, um segundo artigo de Yamaori, "Como deve ser a sucessão imperial", saiu na edição de maio de 2013 da *Shincho*. Esse artigo foi publicado justamente no período em que eu ainda estava revisando as provas do meu livro.

Em seu segundo artigo, Yamaori desviou-se levemente dos detalhes e escreveu mais sobre questões que não

---

18. *Spiritual Interview with Guardian Spirits: Questioning the Crown Prince about His Self-Awareness as the Next Emperor* ("Entrevista Espiritual com os Espíritos-Guardiões: Questionando o Príncipe Herdeiro sobre a Consciência de Si como Próximo Imperador"), IRH Press Co., Ltd., título ainda não publicado no Brasil, disponível somente em japonês.

Dando Origem à Virtude

tinham relação direta com a família imperial japonesa, como o sistema monárquico na Europa. Contudo, havia uma passagem sobre a questão principal da sucessão imperial em que ele escreveu sobre a cerimônia *mogari*.

Quando um imperador falece, o próximo imperador é imediatamente reconhecido e, depois de algumas horas, as pessoas celebram: "Vida longa ao Imperador!" Nesse momento, a família do imperador cumpre a tradição conhecida como *mogari*. Quando o imperador anterior falece, há um longo intervalo, de cerca de 45 dias, antes que seu corpo seja enterrado. Segundo essa tradição, durante esse período o novo imperador precisa dormir ao lado do corpo do antigo, para receber seu poder espiritual. No xintoísmo japonês, essa cerimônia é chamada *mogari*. Isso também foi citado na entrevista espiritual com o espírito guardião da princesa japonesa Masako, que publicamos em 2012[19]. Tenho a impressão de que esse livro pode ter dado a Yamaori algumas inspirações para o seu artigo.

Em suma, esse é um ritual tradicional japonês xintoísta, e presumo que de certo modo Yamaori está questionando se a Princesa Masako tem compreensão disso. Ele parece achar que a Princesa Masako não reconhece esse ato religioso que faz parte do sistema imperial. Parece criticá-la indiretamente por isso. Pelo menos essa é a impressão que ele passa.

Incidentalmente, a Princesa Masako não foi a uma festa realizada em 18 de abril de 2013 nos Jardins Imperiais

---

19. *Praying for the Future of the Imperial Family* ("Orando pelo Futuro da Família Imperial"), IRH Press Co., Ltd., título ainda não publicado no Brasil, disponível somente em japonês.

As Leis da Perseverança

Akasaka, em Tóquio, por não ser realmente afeita a festas desse tipo, que reúnem perto de 2 mil pessoas. Mas ela compareceu à coroação do novo rei na Holanda. Foi muito estranho ela ter ido à Holanda e não ter ido à festa em Tóquio. A Princesa Masako se dispôs a ir à Holanda, onde já tinha estado antes por questões ligadas ao trabalho de seu pai, mas não compareceu aos Jardins Imperiais Akasaka. Yamaori provavelmente ficou irritado com esse fato. Deve ter achado que ela agiu segundo suas próprias preferências em vez de cumprir suas obrigações. Talvez sinta que ela não compreendeu os deveres oficiais da família imperial, ou "o quanto são importantes", e que decide ir ou não a eventos de acordo com suas preferências pessoais, como um indivíduo qualquer que trabalhe numa empresa qualquer. É isso o que ele está questionando enfaticamente.

Além do mais, ele questiona se o Príncipe Herdeiro está ciente dessas questões, se ele não consegue explicar adequadamente a ela quais são os deveres oficiais ou persuadi-la. Foi essa a impressão que tive.

Foi justamente quando o espírito guardião do Primeiro Ministro Abe veio me procurar por três dias seguidos, logo após eu ter terminado de revisar aquele livro. Eu não tinha muita certeza sobre o que o estava preocupando, mas na época a situação na Coreia do Norte era um grande problema.

Ryuho Okawa e o Cumprimento dos Deveres Públicos

Na realidade, além de enviar as mensagens espirituais registradas naquele livro, o espírito guardião de Yamaori veio me visitar mais tarde e conversamos por um longo tempo. Ele falou coisas mais adequadas para um intelectual religioso do que quando gravamos sua mensagem espiritual. Além disso, referiu-se à minha situação e, meio se desculpando, mencionou que a grande mídia de certo modo compreende as coisas um pouco mais do que eu imagino.

Foi quando comentou sobre a Editora Shinchosha, dizendo que "Eles fizeram profundos estudos objetivando atacar a Happy Science. Tentam criticar Ryuho Okawa e ver o que acontece, e atacar a família imperial e ver o que acontece. Em seguida, comparam os dois e avaliam."

"Normalmente quando eles atacam alguém com intensidade por meio da famosa revista *Bunshun*, a organização criticada se esfacela ou o líder desiste de sua vocação, ou algum incidente acontece e vem a ruína, mas isso não ocorreu com Ryuho Okawa, pois ele não desistiu de sua vocação. Simplesmente foi em frente, com perseverança, mantendo sua atitude de não desistir de suas obrigações oficiais, e não mudou nada."

"Quando um líder religioso se divorcia da esposa com quem foi casado por mais de vinte anos e com quem tem cinco filhos, em geral ele é tido como socialmente inaceitável. Alguém nessa situação quase sempre é incapaz de suportar esses ataques. Acaba ficando angustiado, desequilibrado e desaba. Ou é incapaz de prosseguir no seu trabalho espiritual, ou algum incidente vem arruinar sua organização religiosa. Mas ao enfrentar tal situação, Ryuho Okawa não desistiu de sua vocação, nem mesmo seus seguidores o abandonaram. Ele continuou atuando como antes, sem mudar sua maneira de agir. Quando a mídia percebeu isso, não importa o que eles dissessem, compreenderam que a atitude de Ryuho Okawa de colocar suas obrigações públicas em primeiro lugar não havia vacilado." Isso é o que foi transmitido.

E disse também: "Comparativamente, o Príncipe Herdeiro talvez esteja valorizando demais seus assuntos pessoais. E pensa que, por causa disso, a mídia está mostrando a família imperial sob uma ótica mais severa, fazendo, na verdade, uma comparação entre os dois". Tais comentários soaram bastante estranhos e pareceram elogios duvidosos para mim, mas é isso o que foi afirmado.

Por fim, disseram: "Com efeito, ao não fazer concessões em seu trabalho e continuar levando-o adiante, Ryuho Okawa enfileirou-se ao lado dos quatro grandes santos." Não sei se isso tinha a intenção de ser um elogio ou não.

E ainda completou: "Os quatro grandes santos – Buda Shakyamuni, Jesus Cristo, Confúcio e Sócrates – enfrentaram muitas complicações em suas famílias. Em geral, a vida familiar dos santos é de muitas provações. Os santos são assim. Eles têm o ideal de criar a utopia começando pela valorização da família, expandindo-se gradualmente para a sociedade e chegando a toda uma nação, mas seus ensinamentos são para as massas. Em geral, a vida familiar dos santos é muito difícil. Isso ocorre porque os santos têm de enfrentar provações que normalmente não são colocadas às pessoas comuns, e precisam lutar contra essas tentações. É assim que acontecem essas coisas. Por isso, a estatura espiritual de Ryuho Okawa é equiparada à dos quatro santos". Concedeu-me tais elogios de forma um tanto suspeita.

Não sei se isso foi uma coisa boa ou se foi uma armadilha. Talvez estejam me elogiando porque estejam com medo de sofrer represálias. Seja como for, acho que agora as pessoas que escrevem naquelas revistas semanais estão aos poucos compreendendo melhor o meu posicionamento. Sem dúvida, isso mostra que a mídia está mudando.

Dando Origem à Virtude

Uma "Figura Pública" Deve Abdicar do Seu Eu para o Bem de Todos

Sem dúvida, há muitas pessoas que acreditam em mim e continuam me seguindo. Meus ensinamentos não são algo inventado ou distorcido para atender aos meus interesses ou por vontade de me tornar famoso, de ter status ou ganhar dinheiro, ou por ambição de sucesso. Portanto, creio que são a Verdade, por isso os transmito, e além disso não posso trair aqueles que me seguem. Esse é o meu princípio e por isso o curso do meu caminho não pode ser alterado. É isso que mostram minhas palestras, que são transmitidas por várias emissoras de tevê no exterior, e que recentemente começaram a ser transmitidas também por emissoras japonesas.

O espírito guardião de Yamaori também disse o seguinte: "Quando você lançou o partido político (Partido da Realização da Felicidade) nas eleições de 2009 para o Parlamento, seus ideais não foram compreendidos pelas pessoas à sua volta. Embora tenham decorrido mais de quatro anos, a situação crítica do Japão não mudou e as questões que você via como problemas ainda não foram solucionadas. No entanto, o que você disse há quatro anos foi útil, preparando o Japão para uma possível crise. Agora, sinto que as pessoas acreditam que o que você diz não está errado. Elas acabaram entendendo que o que você diz está correto e parece que você não abre mão daquilo que pensa ser o certo".

Tornar-se uma pessoa pública é algo muito difícil, uma experiência incomum para a maioria das pessoas. Por isso, não há ninguém para lhe ensinar como você deve agir, nem existem livros que possam ensinar a respeito, portanto, você deve agir de acordo com o seu juízo. Não obstante, sempre chegará um momento em que você deverá anular seu eu em prol das outras pessoas.

Dedicar "Todo o Seu Potencial" Vai Aumentar Sua Força para Aliviar o Fardo

Eu amo meus cinco filhos. Por gostar muito deles, é natural que eu não guarde nenhum ressentimento pela minha ex-mulher, que me acompanhou por mais de vinte anos e me deu cinco filhos.

Além disso, depois que quase morri em 2004, sentia que estaria disposto a morrer no lugar de qualquer um deles. Embora pudesse ter pensado assim, seria algo imperdoável, pois há muitas pessoas trabalhando para a Happy Science, que acreditam ser essa sua missão recebida dos céus. De acordo com os fundamentos da medicina, não seria nada estranho se eu morresse naquela época. Fui informado de que a probabilidade de morrer no prazo de um ano era superior a 80%. Em seguida, me disseram que certamente eu morreria no prazo de cinco anos.

No entanto, mais de dez anos já se passaram desde então e ainda estou vivo. E não só isso, estou fazendo dez a vinte vezes mais o trabalho que costumava fazer. A regra da medicina não prevaleceu, e isso é uma prova do mérito da religião. Pelo contrário, tornei-me um líder espiritual e religioso.

Derrotei completamente os fundamentos da medicina e consegui fazer isso porque, ao contrário do que seria esperado, acreditei que se o período de vida que eu tinha era de fato pequeno, então deveria dedicar todo o meu potencial. Ter tomado essa decisão fez brotar em meu coração uma força ainda maior de paixão e vontade de agir. E, à

Dando Origem à Virtude

medida que fui colocando isso em prática, senti aumentar a força capaz de afastar o fardo que pesava sobre mim.

Nesse meio tempo, minha maneira de olhar o mundo e o país mudou, e meu senso de responsabilidade por eles também. Passei a sentir responsabilidade até mesmo por coisas com as quais não estava diretamente envolvido.

Na realidade, não existem livros sobre como equilibrar a vida pública e a privada. Tenho de fazer por mim mesmo as avaliações sobre esses assuntos. Claro, pelo fato de ter nascido como ser humano neste mundo, estou sujeito a cometer erros na minha maneira de pensar ou nas minhas ações. Não posso afirmar que não tenha cometido nenhum erro. Mas pelo menos não há dúvidas sobre o que tenho pensado intensamente como sendo correto. Pois essa é a Verdade. E nessa atitude não pretendo vacilar nem um pouco.

A Verdade Sobre o Seriado *Galileu*, de Keigo Higashino

As histórias de detetive do novelista Keigo Higashino, que têm como protagonista um cientista brilhante, são muito populares no Japão e viraram seriados de tevê e filmes de cinema. O físico brilhante que aparece como protagonista pensa do seguinte modo: "Não acredito em coisas ilógicas como espíritos. Esses seres misteriosos e fenômenos sobrenaturais não existem de fato. As coisas que não conseguem ser explicadas pela física são totalmente impossíveis". Esse programa de tevê é muito conceituado como algo interessante e tem grande audiência; eu também costumo assistir.

Não há problema, desde que o programa mantenha suas conclusões dentro do mundo limitado da física. Mas, na verdade, existem outros mundos, além do mundo da física. Tudo bem que digam: "Isso é assim no mundo da física", mas como eles não conhecem nada sobre os mundos além da matéria, acredito que deveriam ter mais cuidado com o que dizem.

Essa série de tevê foi produzida em 2013, e o primeiro episódio mostrava uma batalha entre o mestre de uma religião e um cientista. O mestre religioso enviava pensamentos na forma de "ondas mentais", fazendo uso de um tipo de equipamento gerador de micro-ondas, conseguindo aquecer o corpo e induzir sensações de calor. Enquanto assistia a isso, concluí que era um programa realmente inadequado do ponto de vista religioso e espiritualista.

O famoso ator Masaharu Fukuyama faz o papel do cientista. Ele ficou muito conhecido por causa do papel que desempenhou como Ryōma Sakamoto na série histórica *Ryōma-den* ("A Biografia de Ryōma") que passou na tevê NHK. Não acho que ele seja ruim; aliás, ele é o tipo de pessoa que acho muito difícil de criticar. Mas estou preocupado que o materialismo e o ateísmo possam ganhar popularidade.

Na Happy Science revelei detalhes do monstro do lago Ness empregando um método de "visão espiritual à distância", tal como a clarividência, e também tenho utilizado a visão espiritual para pesquisar o que existe no lado oculto da Lua[20]. O personagem da série *Galileu* iria achar essas coisas impossíveis e, como cientista, sem dúvida iria

---

20. Veja *Remote Viewing: Does Nessie Exist?* ("Visão à Distância: O Monstro do Lago Ness Existe?"), IRH Press Co., Ltd; e *Remote Viewing: The Dark Side of the Moon* ("Visão à Distância: O Lado Oculto da Lua"), ambos disponíveis apenas em japonês.

querer obter explicações com base na física. Portanto, o que a Happy Science está fazendo é justamente o oposto do que ele faz. No entanto, apenas fazemos o que precisa ser feito, mesmo que gente desse tipo venha criticar o nosso trabalho.

É possível defender o ponto de vista de Higashino. Não acho que ele seja completamente materialista. Em algumas de suas obras, ele mostra cenas como o fenômeno da troca de personalidade, no qual vemos almas trocando de lugar. Imagino que ele deve ter estudado bastante os fenômenos paranormais. Ao que parece, ele trabalha duro, pesquisando o que é falso e o que é real no âmbito dos fenômenos paranormais, portanto, não estou rejeitando completamente o seu trabalho. Mesmo assim, acho que este mundo é muito crítico.

Estou Continuamente Publicando Livros para os Leitores do Futuro

A propósito, quando ouvi que o livro de Haruki Murakami, lançado em 2013, vendeu um milhão de exemplares em uma semana, senti vontade de chamar a atenção do presidente da nossa editora IRH Press. Gostaria de lhe perguntar o que ele anda fazendo exatamente. Pois, se o livro do Murakami vendeu um milhão de exemplares em uma semana, fico imaginando o quanto ele não venderá em um ano? Então fico pensando: "Tenho me esforçado tanto para produzir um número imenso de livros, e isso sem dúvida não é um trabalho nada fácil. Será que eu não deveria chamar a atenção do presidente da IRH Press?"

No entanto, as pessoas à minha volta me dizem: "Não, os livros do Murakami têm vida curta. Logo serão esquecidos, ninguém mais vai lembrar. Mas os livros do mestre Okawa ainda serão lidos até mesmo daqui a mil anos". Daí penso: "É verdade, concordo com isso. Acho que devo continuar trabalhando, pois as pessoas ainda vão lê-los daqui a mil anos".

    Embora eu continue produzindo livros seguidamente, meus leitores não conseguem ler todos com muita rapidez, portanto, quanto mais escrevo, mais difícil se torna aumentar as vendas. Mesmo assim, quando levo em conta que estou deixando esses livros para a posteridade, isso me faz sentir que preciso continuar a escrevê-los enquanto puder. Ou seja, não preciso lançar mão de truques para vender mais livros. E, portanto, continuarei me dedicando a esse trabalho ininterruptamente.

Dando Origem à Virtude

5

A Virtude Que os Quatro Grandes Santos Mostraram à Humanidade

A Virtude Surgirá ao Aceitar e Compreender Questões Que Contradizem a Lógica

Até aqui abordei vários aspectos da virtude. Agora, vou revisá-los de uma forma diferente.

Para que a virtude nasça, é preciso ser uma pessoa com algum grau de grandeza. De fato, a virtude é gerada numa pessoa que enxerga a vida de uma maneira diferente da habitual e não se baseia apenas nas reações comuns do instinto animal. Shōin Yoshida[21], o precursor da Restauração Meiji no século 19, é um exemplo de pessoa assim. Com certeza tinha um modo de pensar diferente em relação às pessoas comuns. Tinha essa qualidade. Essa é uma das situações em que a virtude se origina.

---

21. Shōin Yoshida (1830-1859): nasceu na região de Chōshū, no Japão. Foi ativista político e professor de tática militar e de *Yōmeigaku* (a filosofia Yangming) nos últimos dias do xogunato Tokugawa. Educando estudantes na escola particular Shōka Sonjuku, formou vários líderes competentes e se tornou a força propulsora da Restauração Meiji. Foi executado aos 29 anos. É uma das encarnações de *Amaterasu-Ō-Mikami,* figura central entre os espíritos divinos do Japão.

As Leis da Perseverança

Em termos mais simples, quando surge a virtude, a pessoa se defronta com algum tipo de paradoxo, isto é, surgem situações de choque entre valores ou lógicas que se opõem. Para que a virtude seja gerada, é preciso que a pessoa seja capaz de acolher e aceitar ambos os lados. É extremamente difícil aceitar valores opostos. Portanto, se alguém é capaz desse feito, estará criando virtude como um ser humano.

Por exemplo, naquela situação vivida ao final da guerra pelo Imperador Shōwa, seria perfeitamente natural que ele como ser humano pensasse: "Se for sozinho ao QG americano e me entregar, talvez seja morto". Mas há também outro sentimento: "Quero salvar meu povo". São alternativas mutuamente excludentes, portanto é preciso torná-las compatíveis.

Outro exemplo é no trabalho. O trabalho precisa ser feito corretamente nos mínimos detalhes, mas ao mesmo tempo deve estar em sintonia com o todo da empresa. Isso é igualmente difícil. Um primeiro-ministro tem de olhar os detalhes do seu trabalho, mas também precisa considerar o quadro geral. Ser capaz de discernir tendências contemporâneas é igualmente importante. Uma pessoa pode ter aprendido muito com seus professores sobre como interpretar a lei. Mas, conforme o tempo vai passando, precisa analisar sua maneira de pensar e ver se há alguma outra decisão que possa ser tomada. Nessa hora, irão surgir, claro, forças que criticam e se opõem à pessoa. É muito importante saber tomar decisões no meio disso tudo.

Portanto, há muitas situações paradoxais e a maneira com que você lida com questões conflitantes determina se você irá ou não gerar virtude.

Dando Origem à Virtude

A Virtude de Sócrates, do Buda Shakyamuni e de Confúcio

Sócrates é outro exemplo de homem de virtude. Ele foi sentenciado à morte. Tinha mulher e filhos, seus discípulos tentaram ajudá-lo, até seu carcereiro tentou facilitar-lhe a fuga, mas ele não aceitou. Afirmou: "Leis ruins também são leis". E morreu tomando uma bebida contendo o veneno cicuta.

Sócrates praticava a lógica segundo a qual "Às vezes é mais nobre morrer pela verdade do que continuar a viver", e praticou essa ação extremamente paradoxal. É uma lógica que o ser humano comum acha muito difícil de aceitar.

Buda Shakyamuni também foi assim. Ele abandonou seu posto na família real e o seu clã Shakya. Como resultado, o clã Shakya se extinguiu. No entanto, Buda praticou aprimoramento espiritual nas montanhas e florestas, a fim de desenvolver novos ensinamentos para a época, hoje conhecidos como budismo, e acabou se tornando um líder espiritual e religioso.

Segundo os moldes de hoje, ou o ponto de vista da mídia contemporânea, o que Shakyamuni fez certamente despertaria críticas. Definitivamente, seria alvo de comentários como "Ele desistiu de sua posição e abandonou o lar, embora fosse o único herdeiro. O que vai acontecer com as pessoas que ele deixou?" Por mais que se procure compreender essa ação, com certeza ele seria atacado como "um homem irresponsável". No entanto, suas ações foram realmente necessárias para que os grandes ensinamentos do budismo fossem legados à posteridade.

Confúcio é outro exemplo. Ele pregou virtudes como "reverência", "sabedoria", "confiança", "justiça" e "coragem" com todas as suas forças, e dizem que chegou a ter 3 mil discípulos. Uma vez deteve um cargo similar ao de magistrado em sua terra natal (o Estado de Lu) por um curto período, mas nunca conseguiu se tornar um oficial do governo. Depois disso andou por todo o país procurando um cargo no governo, mas não foi aceito em nenhum lugar. E assim continuou vagando, sem encontrar emprego.

Os discípulos de Confúcio entraram para o serviço público apoiados na força de suas recomendações, e alguns deles chegaram a ministros de Estado. De certo modo, Confúcio se tornou famoso por meio de seus discípulos que ascenderam e se destacaram.

Embora Confúcio fosse apenas um pensador das Escolas de Filosofia do Pensamento Chinês, a magnitude de seu pensamento e sua influência ao longo do tempo aos poucos foram ganhando força nesses mais de mil anos. Na sua época, havia sem dúvida muitas outras pessoas mais eminentes do que ele, por exemplo, os reis e os ministros. Mas a História certamente avaliou as coisas de outro modo.

Para Cumprir Sua Missão, Jesus Entrou em Jerusalém Preparado para Morrer

Jesus Cristo é um caso extremo. Sua morte não pode ser compreendida se olharmos para ela pela lógica deste mundo. Antes de partir para Jerusalém, disse aos seus discípulos: "Vou entrar em Jerusalém, mas não vai demorar muito para que eu seja crucificado. No entanto, vou ressuscitar depois de três dias". Os discípulos não entenderam o sentido do que ele estava dizendo. Provavelmente pensaram: "Sinto muito, mas acho que o Mestre perdeu o juízo".

Dando Origem à Virtude

Se ele seria crucificado por entrar em Jerusalém, tudo o que precisava fazer era não ir lá. Essa seria, sem dúvida, uma decisão lógica. É como o caso de Genzui Kusaka, famoso samurai japonês do século 19, que pediu ao seu mestre Shoin Yoshida: "Por favor, abandone esse plano!" Portanto, a decisão lógica seria não entrar em Jerusalém, e se a perspectiva era ser crucificado, ele precisava fugir. Mas Jesus entrou em Jerusalém com a atitude de quem devia ir para lá, como se fosse sua missão.

Antes disso, Jesus dissera coisas muito "grandiosas" como: "Mesmo que o templo seja destruído eu o reconstruirei em três dias". Portanto, algumas pessoas ficaram imaginando que iria acontecer um milagre. Mas Jesus foi preso com facilidade, açoitado, obrigado a receber uma coroa de espinhos e a subir o monte do Gólgota. Forçado a carregar a própria cruz, não conseguiu sustentá-la e caiu várias vezes, recebendo a ajuda dos outros para se levantar e carregá-la. Ao final, foi crucificado sem oferecer resistência e morreu. Muitas pessoas ficaram desapontadas com isso: "Como assim? Não houve nenhum milagre? Nenhum anjo veio salvá-lo?!" Consequentemente, seus discípulos caíram num estado de desolação completa.

Discute-se o sentido das últimas palavras de Jesus: "*Eli, Eli, lema sabachthani*". Numa das primeiras coletâneas de nossas mensagens espirituais, Jesus revelou que estava chamando os nomes dos anjos: "Elias, Elias, Rafael, Rafael". No entanto, no evangelho constou como: "Senhor, Senhor, por que me abandonastes?" Essa talvez fosse a interpretação mais lógica para o povo da época.

Embora Jesus tenha vivido como o único filho de Deus, no final foi crucificado. Assim, as pessoas acham compreensível que Jesus tivesse dito: "Senhor, Senhor, por que me abandonastes?" Esse era o sentimento comum na época, e até seus discípulos tinham essa atitude, similar ao pensamento dos escritores de artigos dos jornais e revistas da atualidade.

A Igreja da Unificação do Reverendo Moon Tirou Vantagem desse Ponto do Evangelho

O reverendo Sun Myung Moon, fundador da igreja da Unificação, apoiou-se nessa lacuna do evangelho. Ele disse ser inconcebível que o único filho de Deus, nascido como Messias, tivesse dito na hora da sua morte: "Senhor, Senhor, por que me abandonastes?" Segundo ele: "Então, esse Cristo seria um falso Cristo. Um Cristo de mentira, uma fraude. Eu, eu mesmo, sou o verdadeiro salvador. Eu, Sun Myung Moon, sou o verdadeiro Cristo, que nasceu para salvar o mundo".

Portanto, Sun Myung Moon utilizou-se muito bem das inconsistências da Bíblia, proclamou ser a reencarnação de Cristo e fundou a Igreja da Unificação. Isto é, ele se aproveitou desse ponto frágil da Bíblia, onde as palavras de Jesus haviam sido interpretadas segundo o senso comum daquela época. Com isso, modificou os ensinamentos e organizou uma nova religião, que hoje é o maior inimigo do Vaticano. Ele agiu da mesma forma que os colunistas dos tabloides atuais, aproveitando-se dos pontos fracos ou incorretos para atacar.

E justamente as pessoas mais inocentes nas questões religiosas é que são enganadas dessa forma. Elas pensam: "Sim, de fato é muito estranho que Jesus tenha dito algo assim. Portanto, a Bíblia está errada e esse Jesus não era o Messias verdadeiro. É por isso que o judaísmo ainda não desapareceu e existe até hoje, e os judeus não acreditam no cristianismo. Sem dúvida, essa nova pessoa é que é o Messias". Pessoas religiosas são muito bondosas, e de certo modo é fácil enganá-las desse jeito. Por causa desse tipo de inconsistência lógica é que livros como a Bíblia são muito difíceis de interpretar.

Como Tornar-se uma Pessoa Virtuosa

A Virtude Se Revela em "Episódios Pessoais" e no Seu "Verdadeiro Eu Como Ser Humano"

Assim, o que mais é preciso para se tornar uma pessoa de virtude neste mundo? Não são apenas as pessoas espiritualizadas e religiosas que possuem virtude. Alguns líderes políticos e revolucionários também têm virtude.

No caso dos revolucionários, alguns de fato parecem demônios, mas também há outros que praticam ações inspirados por uma missão sagrada. Ambos os tipos são combativos, por isso de certo modo não é fácil julgar neste mundo se eles possuem virtude ou não.

Surpreendentemente, porém, isso pode ser avaliado olhando para sua vida pessoal e seu verdadeiro eu como seres humanos. Você pode dizer que tipo de pessoa alguém é ao analisar os diversos episódios de sua vida ou as suas interações com outras pessoas. Portanto, devemos dar atenção especial a esses aspectos.

Voltando ao tratado de Yamaori que mencionei na parte 4 do presente capítulo, ele escreveu sobre o general Nogi[22],

---

22. Maresuke Nogi (1849-1912): general e educador durante o período Meiji. Como general do exército, lutou na Guerra Russo-Japonesa

que se sacrificou pelo Imperador Meiji[23]. Relatou que o general Nogi ficou ao lado do corpo do imperador, cuidando dele durante toda a cerimônia religiosa, do início ao fim, e quando o funeral terminou, o acompanhou na morte.

Como eu previra no livro *Entrevista Espiritual com o Espírito Guardião do Príncipe*[24] sobre a questão da consciência de ser o próximo imperador, o estudioso de questões religiosas Yamaori tenta protestar contra o próximo imperador e deixar este mundo juntando-se ao imperador atual na morte. Em outras palavras, parece que ele tenciona cometer suicídio".

Enfim, há vários tipos de comportamento. Mas julgar se um ato é realmente virtuoso ou não requer uma verificação histórica. As verdadeiras intenções da pessoa também têm um grande papel nisso.

Como Líder, Você Tem Força para Se Controlar?

O que quero dizer é o seguinte: em termos gerais, a virtude poderá ser encontrada nas pessoas que conseguem incorporar dois vetores antagônicos, que seriam difíceis de conciliar neste mundo. Vamos analisar, por exemplo, o caso de Taka-

---

e foi diretor da escola Gakushuin depois da guerra. Por desejar não viver mais após a morte de seu mestre, cometeu suicídio no dia do funeral do imperador Meiji.
23. Imperador Meiji (1852-1912): 122º Imperador do Japão. Seu nome era Mutsuhito. Reinou de 1867 a 1912. Conduziu o novo governo Meiji no caminho da modernização do Japão, assim como da riqueza e do crescimento militar.
24. IRH Press Co., Ltd, disponível apenas em japonês.

mori Saigō²⁵. Ele era uma figura proeminente. Destronou o xogunato, estabeleceu o governo Meiji no século 19 e se tornou um general do exército. Embora fosse uma figura destacada da Restauração Meiji, não se interessava por dinheiro nem status social. Em geral, encontramos a virtude em pessoas assim.

Outro exemplo é Ryōma Sakamoto²⁶. Ele teve papel importante nos bastidores da aliança entre os feudos de Satsuma e Chōshū²⁷ durante a Restauração Meiji. Se essa aliança não tivesse sido formada, a era Meiji jamais teria se iniciado, e talvez o Japão não estivesse agora desfrutando dessa era de paz. Os esforços de Ryōma Saka-

---

25. Takamori Saigō (1828-1877): samurai e político durante o período Bakumatsu e início do período Meiji, era natural de Satsuma. Conseguiu formar a Aliança Satsuma-Chōshū, e fez o Castelo de Edo se render sem derramamento de sangue. Foi general do Exército no governo Meiji.
26. Ryōma Sakamoto (1835-1867): um patriota durante o período Bakumatsu, originário de Tosa. Sob a influência de Kaishū Katsu, mediou a Aliança Satsuma-Chōshū, fez esforços para restaurar o domínio imperial e foi uma figura destacada do movimento para destronar o xogunato Tokugawa.
27. Satsuma: domínio feudal do período Edo, correspondente à região em volta da atual Província de Kagoshima. Muitas figuras influentes surgiram durante o período Bakumatsu e o período Meiji, e formaram uma poderosa força política junto com Chōshū no governo Meiji.
Chōshū: domínio feudal do período Edo, correspondente à região em volta da atual Província de Yamaguchi. Muitas figuras influentes surgiram durante o período Bakumatsu e o período Meiji. Pessoas de Chōshū tiveram papel de destaque para abolir o xogunato Tokugawa e formaram uma facção poderosa no governo Meiji.

Dando Origem à Virtude

moto para forjar uma aliança entre Satsuma e Chōshū foram na verdade uma das razões do surgimento do Japão moderno.

Ryōma vivenciou a restauração do domínio imperial. À época, escreveu "Um esboço dos cargos no novo governo", mas seu próprio nome não estava na lista. Quando lhe perguntaram por quê, ao que parece respondeu: "Quando meu trabalho estiver concluído, quero pegar um navio e ir para o exterior, quero ver como me saio na área de comércio exterior". Ele não tentou obter benefícios paralelos, e essa é provavelmente uma das razões pelas quais Ryōma é tão amado pelas gerações posteriores.

Uma pessoa comum iria querer certos benefícios de sua posição privilegiada. Mas há pessoas que demonstram uma atitude diferente. Basta olhar para Takamori Saigō e Ryōma Sakamoto. Podemos ver claramente que a virtude nasce nesse tipo de pessoa que possui um caráter em que forças conflitantes foram integradas.

Suponha que você tem autoridade. Você tem status. Tem dinheiro. Está numa posição que lhe permite fazer o que quiser, até mesmo matar pessoas. Em tal situação, como você se controlaria e tomaria decisões? Isso é importante. Acredito que é possível perceber a virtude na resposta que se dá a essa pergunta.

Mesmo que você tenha poder como líder, a questão que se levanta é se você tem força para se controlar. Atualmente, Kim Jong-un, da Coreia do Norte, está sendo testado nesse aspecto também. Será que ele tem suficiente virtude para liderar 20 milhões de pessoas e controlar o exército tendo apenas 30 anos de idade? À medida que observarmos o que ele faz, isso irá aos poucos ficando mais claro.

As Leis da Perseverança

Torne-se uma Pessoa Que Se Esforça para Cumprir a Missão, Abrindo Caminhos

Há pessoas que naturalmente conseguem agir de modo diferente do que faria uma pessoa normal, que em geral se basearia nos instintos humanos ou na natureza animal, e que vivem indiferentes ao senso comum. Ou seja, há pessoas que ignoram os próprios interesses e permanecem imparciais. Embora isso seja muito difícil de colocar em prática, essas pessoas conseguem gerar virtude. Você deve acreditar nisso.

Além do mais, a virtude surge também em pessoas que sentem sua missão de vida. A virtude se manifesta naqueles que acreditam que a verdadeira fonte de suas ações ou vontade de agir vem do seu esforço e dedicação. É equivocado pensar que a virtude nasce de coisas como a celebridade, o status ou o dinheiro. Você deve se transformar em alguém bem-sucedido graças ao próprio esforço, contando apenas com o poder da dedicação. São muitas as pessoas que se dispõem a seguir alguém que tenha o poder da dedicação, alguém que continua fazendo esforços enquanto acredita na sua missão, abrindo assim o caminho para avançar. É isso que faz com que surja a virtude.

Afirme-se de Maneira Tranquila e Gradual, Sem Pressa

No início deste capítulo, perguntei o que acontece quando alguém que está 100% envolvido com uma religião e não é aceito em certos lugares. Para usar uma analogia do boxe, trata-se de uma situação na qual você precisa aprender não só a arte do ataque, mas também a da defesa. É uma questão do quanto você consegue reduzir o dano que sofre e prosseguir lutando. Portanto, você precisa tanto da arte do ataque quanto da defesa, e deve estudar ambas.

Talvez você ainda não tenha feito um estudo suficiente da sociedade, então é bom fazer isso. Depois, precisa se acostumar com o mundo externo e aos poucos se afirmar nele. Essa atitude de se afirmar de maneira tranquila e expressar sua capacidade gradualmente é também uma forma de virtude. Você não deve ter pressa. Essa é mais uma coisa que precisa saber. Espero que este capítulo tenha sido útil de alguma maneira.

Capítulo Quatro

Os Invencíveis

Como Viver Além das Vitórias e Derrotas Deste Mundo

Os Invencíveis

1

Por Que É Difícil Compreender a Verdade?

Não Se Limite ao Que a Maioria das Pessoas Deste Mundo Acha Correto

Este capítulo possui um título pouco comum. Gostaria falar sobre as pessoas que são "Invencíveis". Já faz muitos anos que estou envolvido com espiritualidade e religião, e a todo momento percebo que os valores e as maneiras de pensar deste mundo não estão de acordo com a verdade. Costumo estudar a vida de pessoas que no passado atuaram da mesma forma que eu, tais como líderes religiosos e filósofos. Seus nomes resistiram ao tempo até os dias de hoje. Tenho pensado muito sobre as razões pelas quais essas pessoas não foram compreendidas em sua época e morreram sem ter obtido o devido reconhecimento.

Esta é uma era em que a democracia é percebida como um sistema político superior. Eu também não rejeito de modo algum a democracia, mas algumas pessoas acham que essa é forma mais perfeita de governo, impossível de ser substituída por outra. No entanto, como buscador da Verdade, como uma pessoa que recebe "as revelações divinas", ao examinar a história da humanidade, vejo que a opinião e o consenso da maioria das pessoas deste mundo não são necessariamente corretas.

As Leis da Perseverança

Duas Situações em Que a "Verdade" Não É Compreendida

Existem duas situações em que a "Verdade" não é entendida. Uma é quando a maneira de pensar mais comum ou popular neste mundo é oposta ao que é correto. Há casos em que a "Verdade" não é aceita neste mundo porque a forma de ver dos religiosos e filósofos é contrária à opinião da maioria das pessoas. Em termos simples, porque não é aceitável do ponto de vista do que é considerado "senso comum" deste mundo ou da época.

A outra situação é quando a pessoa é visionária e está muito à frente do seu tempo. Quando isso ocorre, os contemporâneos podem não entendê-lo e tendem a interpretá-lo mal. Esse último ponto aplica-se não só a líderes religiosos, mas também a físicos e astrônomos no campo científico. Por exemplo, houve um cientista que afirmou pela primeira vez que não é o Sol que se move em volta da Terra, mas é a Terra que se move em torno do Sol. Na época em que afirmou isso, as pessoas que não conseguiam entender o pressionaram a abandonar sua teoria e até ameaçaram executá-lo.

Houve também um homem que decidiu dar a volta ao mundo pelo mar para provar que a "Terra é redonda", e teve muita dificuldade em obter apoio. Hoje as pessoas aceitam que o mundo é redondo, pois esse é um "conhecimento comum" a todos, mas naquela época muitos ainda acreditavam que o mundo era plano. Embora ninguém tivesse chegado aos confins da Terra, a suposição aceita era que o mar devia uma hora despencar num abismo, como nas cataratas do Niágara, e que além desse ponto havia o mistério. Até que esse homem se dispôs a ir da Europa até a Índia navegando no sentido oposto, ou seja, para o Ocidente, para provar que o mundo é redondo.

Há Conceitos na Física Moderna Que Contrariam o Senso Comum

Por outro lado, se pensarmos na física moderna, parece haver uma série de conceitos da física quântica que coincidem com a "Verdade Divina ou Búdica". Em outras palavras, há conceitos que são contrários ao pensamento coletivo ou senso comum.

Por exemplo, afirmar que "a luz é partícula e onda ao mesmo tempo" não oferece uma informação muito concreta. Embora esse conceito pareça definir a luz, ele diz muito pouco. É a mesma coisa que dizer "o mar produz ondas, mas também é sólido, pois pode formar um iceberg".

No entanto, hoje essa afirmação é tida como verdadeira. Os cientistas não conseguem explicar ou definir a luz a não ser percebendo-a ao mesmo tempo como um objeto e uma onda. Acham impossível explicar claramente por que a luz pode ser ambas as coisas. E é impossível enquanto eles continuarem sem uma compreensão mais profunda.

Claro, nós também fazemos uso de muitas coisas que não conseguimos explicar com precisão. Por exemplo, quando as linhas de telégrafo foram instaladas pela primeira vez no século 19, no Japão, algumas pessoas pensavam que se pendurassem pacotes nos fios, eles seriam despachados para locais distantes. Para nós, isso pode soar agora como uma piada, mas não é algo para dar risada.

Para as pessoas daquela época, deve ter sido estranho e inacreditável que suas palavras pudessem ser transmitidas às suas famílias ou a parentes que morassem longe. Elas achavam que se as palavras podiam ser transmitidas, então se pendurassem pacotes nas linhas de telégrafo o mesmo poderia acontecer com esses objetos. As pessoas devem ter confundido o telégrafo com uma espécie de teleférico, mas naqueles dias essas coisas eram comuns.

Assim, na questão da Verdade, há duas grandes categorias: os casos em que a Verdade não pode ser compreendida devido ao pensamento coletivo e os casos em que não é compreendida por estar muito à frente do seu tempo.

A Era Moderna Coloca Sua Fé na "Razão"

A Ética Socrática: Defender Princípios até a Morte

As pessoas que vivem para a Verdade não devem ter muita expectativa de conseguir a aprovação de seus contemporâneos neste mundo, pelo menos não na mesma época nem em todas as situações. É importante saber disso. Se a verdade for genuína, não será facilmente reconhecida.

Analisando em retrospecto, de certo modo ainda não compreendemos por que Sócrates (469-399 a.C.) fez firme defesa de seus princípios, até mesmo no momento de tomar o veneno. Não acredito que ele possa ter sido tão obstinado assim.

Sócrates expôs os erros de outros intelectuais por meio do debate, portanto, provavelmente havia pessoas que, por terem sido vencidas nas discussões, sentiram-se humilhadas e tramaram colocar Sócrates em má situação, incitando o povo.

O próprio Sócrates poderia ter evitado a sentença de morte se tivesse desistido de seus princípios. Aos 70 anos de idade, conta-se que tinha uma jovem esposa e filhos pequenos, mas de todo modo defendeu firmemente seus princípios. Também ignorou os pedidos de seus discípulos para que fugisse, escolhendo em vez disso tomar um cálice de cicuta e morrer. A partir da ética socrática, penso que ele acreditava que seus ensinamentos teriam sido em vão se ele tivesse abandonado seus princípios para poder sobreviver.

Ignorar o Que Não Se Consegue Compreender É uma Postura Anticientífica e Antiacadêmica

Talvez a filosofia moderna esteja sendo negligente em relação à maior parte da Verdade ensinada por Sócrates e ignore seus diálogos. Embora o homem que foi basicamente o pai, fundador e pioneiro da filosofia estivesse ensinando a Verdade, as pessoas costumam descartar isso como as palavras de alguém que viveu há 2.500 anos, e leem Sócrates com certa reserva.

Na verdade, Sócrates falou sobre a reencarnação e a existência da alma, assim como sobre a existência de espíritos guardiões. Além disso, um espírito guardião chamado Daimon ficava constantemente sussurrando em seu ouvido. Ao que parece, Daimon era o tipo de espírito guardião que claramente dizia o que Sócrates devia evitar fazer, mas sem especificar o quê. É evidente que Sócrates conversava muitas vezes com esse ser.

Penso que, por sua característica, Sócrates não conseguia falar com vários espíritos do jeito que eu faço. De qualquer modo, ele com certeza era o tipo de pessoa capaz de obter uma resposta de um espírito rapidamente no que se referia às suas ideias.

No entanto, a partir da época de Aristóteles (384-322 a.C.), questões espirituais desse tipo deixaram de ser compreendidas. Enquanto Platão (427-347 a.C.) tinha uma disposição espiritual, Aristóteles já não se mostrava inclinado a isso; portanto, a partir dessa época as pessoas começaram a ter dificuldade em compreender as questões espirituais. E as gerações posteriores inclinaram-se mais para a abordagem de aceitar apenas o que conseguiam entender, ignorando o resto.

Esta atitude é muito comum. Para mim, com certeza, esta não é uma atitude científica, nem acadêmica, mas os humanos tendem a varrer para debaixo do tapete aquilo que não entendem, descartando-o como superstição ou algum tipo de equívoco.

Descartes e Kant Claramente Tinham Fé

Outro exemplo é Descartes (1596-1650). No *Discurso sobre o Método*, ele falou do dualismo entre corpo e alma. Se você ler o livro todo, verá que ele defende claramente a fé e ensina a existência da alma e do mundo espiritual. Ele também afirmou que tinha uma predisposição para receber revelações em sonhos.

No entanto, os estudos modernos passam por cima dessas partes. Em suma, para o pesquisador ou acadêmico comum, é conveniente separar este mundo do outro e estudar apenas este aqui. É isso o que eles costumam fazer.

Kant (1724-1804) também seguiu essa tendência. Mas, ao que parece, o próprio Kant estava muito interessado em questões espirituais. Por exemplo, interessou-se muito pelos poderes sobrenaturais de Swedenborg (1688-1772) e reuniu muita informação a respeito dele.

Swedenborg era capaz, entre outras coisas, de ver fatos que aconteciam a grande distância de onde estivesse.

As Leis da Perseverança

Uma vez, soube de um incêndio ocorrido há centenas de quilômetros da cidade em que estava naquela hora. Ele relatou que realizava várias viagens astrais, nas quais visitava o mundo espiritual. Quando sua alma saía do corpo, ele passava uns três dias com aparência de morto, e cuidava de manter os criados afastados do seu quarto. Ele saía do corpo, investigava o outro mundo, e voltava.

Dizem que Kant tinha muito interesse por Swedenborg. No entanto, apesar de se interessar por questões espirituais, este era um tema inadequado para suas pesquisas. Assim, ele se concentrou apenas em tópicos acadêmicos. Kant ensinou uma filosofia metafísica de difícil compreensão.

A filosofia de Kant é extremamente abstrata; não é tangível ou facilmente associável a este mundo. E ficou um pouco mais difícil compreender o mundo espiritual devido ao "mundo abstrato" que ele criou.

Além disso, o próprio Kant admitia que, de certo modo, sua filosofia atuava como uma "guilhotina" que cortava a cabeça de Deus. Não obstante, Kant era um homem de fé e muito interessado em questões como as atividades dos médiuns. Ele simplesmente levava adiante sua pesquisa com uma espécie de atitude austera, excluindo os assuntos espirituais de seu campo de pesquisa acadêmica.

Será Que a Experiência desta Civilização de Ter "Fé na Razão" Foi Bem-sucedida?

A filosofia kantiana foi adotada por outros filósofos e pensadores, e influenciou eventos históricos como a Revolução Francesa. Afinal, a filosofia kantiana terminou sendo mesmo a "guilhotina" que cortou fora a cabeça de Deus, e, portanto, mais pessoas passaram a acreditar intensamente na razão humana, estabelecendo assim a "fé na razão".

Em outras palavras, como as pessoas achavam impossível encontrar Deus e conversar com Ele, passaram a acreditar mais na razão humana. Mas não se sabia se a razão do ponto de vista individual estava correta. Por isso, decidiu-se conduzir a sociedade tendo por base a concordância da maioria, alcançada depois de discussões sérias e sensatas entre pessoas ajuizadas. Foi assim que surgiu esse tipo de sociedade racional.

Em relação a isso, podemos dizer que a regra áurea baseava-se originalmente em teorias como a do direito divino dos reis. Como Deus não possuía um corpo físico, tentava governar a terra por meio dos reis. Portanto, ele enviava seus representantes para a família real durante gerações e confiava a eles o governo deste mundo. Essa teoria vigorou por muito tempo.

É por isso que a maioria das famílias reais ou dinastias que ainda restam têm a tradição, o mito ou a crença de serem descendentes de Deus. O mesmo vale para o xintoísmo japonês. Ainda hoje acredita-se que a família imperial descende de Amaterasu-O-Mikami (a Deusa Sol). A teoria do direito divino dos reis também se apoiava nessa crença.

No entanto, essa ideia foi rejeitada durante a Revolução Francesa. Só que não se inventou nenhuma alternativa melhor, então houve inúmeros retrocessos, e a França oscilou por um tempo entre a monarquia e um regime republicano.

Portanto, na era moderna, a civilização já passou por vários experimentos, pois não se acreditava totalmente na Verdade com a qual se havia deparado.

As Leis da Perseverança

Esses experimentos também tiveram aspectos positivos. Quando Deus, Buda ou o mundo celestial forneceu ensinamentos, eles levaram em conta a natureza daquela era particular. Mas conforme os tempos mudam, os velhos ensinamentos podem fazer com que aquela era fique estagnada e tenha seu progresso obstruído. Isso ocorre porque os ensinamentos que são adequados a cada era nem sempre são revelados.

Quando pessoas antigas exercem autoridade, as coisas novas nem sempre são aceitas. Por isso elas começaram a achar que deveriam criar um sistema onde pudessem sentir-se felizes por meio de discussões em grupo, em vez de se apoiar em velhas crenças.

Nesse sentido, é correto dizer que na "Era da Razão" ou nas tendências da moderna filosofia e democracia esclarecida, alguns aspectos são compatíveis com a fé. No entanto, como ocorria no sistema que reconhecia o imperador como um símbolo do estado do Japão, havia também a tendência de tratar Deus meramente como um símbolo e devolver o que é tangível ou mundano às mãos da humanidade. A única maneira realista de compensar esse aspecto negativo seria as pessoas tentarem elevar o nível e a qualidade da educação e da fé nesse mundo.

3

A Renúncia do Buda Shakyamuni e o Fim de Sua Nação

Um Estudioso Budista Cede à Democracia Pós-guerra

Já citei o exemplo de Sócrates, e o mesmo pode ser dito do Buda Shakyamuni. Ele era um príncipe do clã Shakya e filho único do rei. No entanto, um estudioso japonês do budismo, Hajime Nakamura[28], desprezou a importância de Shakyamuni, seguindo a tendência democrática do pós-guerra. Ele declarou que o rei do clã Shakya não era o que poderíamos chamar de monarca de um reino, e sim algo como um presidente de uma comunidade autônoma.

Isso é um exemplo de alguém que era estudioso do budismo e que estava cedendo à democracia pós-guerra. É quase impossível que alguém tivesse sido eleito democraticamente e governasse um país naqueles tempos antigos. Nakamura provavelmente fez essa afirmação porque sentia vergonha de chamá-lo de "rei".

Além disso, Hajime Nakamura usava muito o termo "Buda humano" e realçava os aspectos humanos de Buda.

---

28. Hajime Nakamura (1912-1999): Professor Emérito da Universidade de Tóquio. Publicou várias monografias e ensaios como autoridade mundial sobre filosofia indiana, estudos budistas e estudos sobre filosofia comparada.

As Leis da Perseverança

Isso se deve à tendência da pesquisa acadêmica que considera vergonhoso acreditar em histórias místicas ou lendas.

E Se Houvesse Revistas no Tempo do Buda Shakyamuni?

Se aplicássemos o senso comum atual à vida de Buda Shakyamuni, veríamos que vários aspectos de sua vida teriam sido criticados se existissem revistas na sua época: a renúncia de Buda à vida secular, sua iluminação e a história de seu trabalho missionário. Veja como seria muito fácil escrever uma crítica a Buda se fosse editor de uma revista semanal japonesa, como a *Shincho* ou a *Bunshun*:

"Seus pais e aqueles à sua volta tinham grandes expectativas em relação a ele. Ele cresceu, tornou-se adulto, recebeu uma educação a cargo de bons tutores e aprendeu as artes marciais com entusiasmo. Mesmo assim, abandonou suas responsabilidades como herdeiro e fugiu do castelo."

"Seus pais haviam feito tudo o que podiam para evitar que um evento improvável como esse ocorresse. Tinham até reunido as mais lindas mulheres do reino para servi-lo e construíram para ele um palácio para cada estação (verão, monções e inverno). Foi criado num tal luxo que usava apenas roupas da mais fina seda. Mas jogou tudo fora e fugiu do castelo ao amanhecer, renunciando ao mundo."

"Foi completamente irresponsável. Onde será que estava com a cabeça, fugindo depois de tudo o que seus pais haviam feito por ele? Pode ser que ele diga que foi bom ter agido assim, mas o que dizer das pessoas que ele abandonou?"

No final, seu clã Shakya não sobreviveu e se desfez durante o período de sua vida. "Shakya" era o nome do clã, e era usado também como sinônimo do país. Se fosse explicar isso usando meu nome como exemplo, diria que me chamo Ryuho Tokushima, por ter nascido na província de Tokushima.

A Instituição Criada por Buda Seguiu Adiante, Mas o Reino de Shakya Teve um Fim Trágico

Nos últimos anos da vida do Buda Shakyamuni, o clã Shakya foi destruído por um país maior chamado Kosala. Naquele tempo, a Índia era formada por dezesseis países, e os dois mais poderosos, Magadha e Kosala, viviam disputando a supremacia. Depois de renunciar a este mundo, Buda montou uma base chamada Mosteiro de Jetavana, em Kosala, e outra chamada Mosteiro de Venuvana, em Magadha. Assim, ele tinha bases nas duas nações mais poderosas. Isso significa que Buda era politicamente neutro, ou melhor, que ele transcendia a política.

Magadha e Kosala formaram alianças de casamento, mas continuaram sempre guerreando entre si. O reino de Shakya era uma espécie de estado vassalo de Kosala. Embora Buda tivesse conseguido criar sua instituição religiosa, seu país se desfez nos últimos anos de sua vida. Antes disso, Buda havia atraído cerca de 500 pessoas para sua instituição, inclusive jovens e alguns parentes. Como nem todos tinham se tornado monges, quando o seu país se desfez, tiveram um fim extremamente trágico.

Os ensinamentos de Buda haviam se espalhado, chegando também a sua terra natal. Nesses ensinamentos havia também uma maneira de pensar similar à *ahimsa* (a não destruição da vida), o que levou o reino de Shakya apenas a defender-se e sem oferecer muita resistência, resultando na aniquilação quase total de seu clã. Nesse aspecto, há alguma semelhança com o Japão de hoje.

Quando encontro algumas pessoas com o sobrenome "Shakya" entre os seguidores nepaleses da Happy Science, sinto-me estranhamente feliz com o fato de ainda restarem sobreviventes, e imagino que alguns conseguiram fugir para algum lugar. O clã Shakya foi amplamente destruído e não deveria haver sobreviventes. Então é provável que um grupo tenha se escondido e escapado, e com isso ainda hoje vemos pessoas com esse sobrenome.

Enfim, nos últimos anos de vida, Buda testemunhou a queda de sua terra natal. Ele fez uma última viagem para seu país derrotado antes de entrar no Nirvana. Neste mundo às vezes podem acontecer coisas muito tristes.

Seja como for, Shakyamuni havia renunciado às suas obrigações de proteger seu país como herdeiro da casa real, deixou sua mulher e filho, e largou tudo para entrar no caminho que buscava. Ele de fato criou uma organização religiosa (Sangha), com muitos seguidores ou monges, por isso pode-se dizer que alcançou um certo grau de sucesso como indivíduo. Mas naqueles dias seu grupo era apenas uma das muitas organizações religiosas existentes na Índia. Seus ensinamentos não se difundiram plenamente por toda a Índia. Espalharam-se pela Índia Central nas extensões medianas do rio Ganges. Mas, ao que parece, havia outros líderes religiosos na época que também tinham influência.

Portanto, talvez haja pontos em que Shakyamuni seja vulnerável a críticas. No entanto, nada disso é comentado entre os seguidores do budismo.

Os Invencíveis

Mesmo no Budismo Que É Racional Encontramos "Mitos e Lendas"

Existem muitos mitos e lendas a respeito do nascimento de Buda. Conta-se que, ao nascer, ele deu sete passos em cada uma das quatro direções, brotando ali uma flor de lótus, e que em seguida ele disse: "No Céu e na Terra, apenas eu devo ser reverenciado". Sem dúvida, é bastante difícil andar logo após ter nascido, mas os budistas não questionam esses fatos estranhos. Embora o budismo se apresente como uma religião racional, eles não se manifestam a respeito desses aspectos místicos. Essa é uma característica positiva dos budistas.

Também se conta que quando o Buda foi concebido, ele entrou no útero da mãe na forma de um elefante branco vindo de um dos paraísos chamado de Tushita. Eu, também, de fato já vi casos em que uma outra forma se aloja no útero. Muitos casos misteriosos como esse podem ocorrer de fato.

Jesus e Buda Conseguiram Salvar Sua Terra Natal?

O mesmo pode ser dito sobre Jesus Cristo. Cerca de quarenta anos depois que Jesus foi morto, sua terra natal pereceu. Talvez algumas pessoas possam dizer: "Embora Jesus fosse o Salvador, ele não conseguiu salvar o povo judeu. Nasceu como Salvador, mas ao final seu país foi destruído".

Além do mais, depois disso, os judeus vagaram como tribos nômades, espalhando-se pelo mundo, por cerca de 1.900 anos. E agora que finalmente conseguiram construir uma nação, isso tem sido a origem de conflito com o mundo árabe. Por isso, não se pode dizer que ninguém de lá tenha pensado que Jesus tenha sido "um falso Salvador".

As Leis da Perseverança

Similarmente, embora o Buda também seja chamado de Salvador, o reino Shakya foi destruído. Portanto, é possível que também seja criticado por não ter conseguido salvar sua terra natal.

Também houve um fato que se transformou num provérbio japonês "Até mesmo um santo perde a paciência após a terceira vez". Quando o rei Vidudabha de Kosala veio destruir o reino Shakya, encontrou Buda meditando sob uma figueira seca. Então, o rei lembrou-se de que o príncipe do clã Shakya era o Buda, por isso retirou seu exército. Alguns dizem que foi um milagre o Buda ter aparecido, mas isso aconteceu três vezes. Porém, o rei voltou a atacar novamente, e dizem que então que o Buda Shakyamuni acabou desistindo, concluindo que isso talvez estivesse ocorrendo por causa de algum carma de vidas passadas.

A Filosofia Pacifista do Budismo Pode Atrair Massacres

Essa história sobreviveu resumida no provérbio "Até mesmo um santo perde a paciência após a terceira vez". Afinal, esse mundo tem suas próprias regras e o rei Vidudabha com certeza tinha suas razões para atacar.

Na verdade, o rei Vidudabha, quando era príncipe, havia ido até o reino Shakya para estudar. Mas sentiu-se terrivelmente humilhado ao descobrir a verdade sobre o nascimento de sua mãe. Na realidade, quando Kosala mandou que o reino Shakya enviasse uma noiva da família real, eles ficaram muito tristes por ter de fazer exatamente o que lhes era ordenado. Então, ardilosamente, mandaram a filha de uma criada da classe dos escravos. Ou seja, apesar de ter alguma conexão com a realeza, sua mãe era da classe dos criados. E Vidudabha descobriu isso quando foi estudar ali.

Sendo a Índia um país com um sistema de castas muito rígido, a linhagem de sangue era muito importante. O príncipe Vidudabha, ridicularizado e humilhado pelo clã Shakya, voltou para casa furioso e prometeu vingar-se deles quando se tornasse rei.

Portanto, o rei Vidudabha havia ido lá para se vingar. O Buda Shakyamuni o deteve por três vezes, mas por fim concluiu que o povo do clã Shakya tinha uma responsabilidade moral por aquilo e não impediu mais Vidudabha.

Quando o reino Shakya foi destruído, houve muitos incidentes trágicos, que são também descritos nas escrituras budistas. O rei daquela época – parece que era um primo de Buda – implorou ao rei Vidudabha: "Por favor, o senhor daria às mulheres e crianças um pouco de tempo para fugir? Por favor, deixe-as fugir durante o tempo em que eu mergulho naquele pequeno lago e prendo minha respiração".

Vidudabha disse: "Está bem. Mas só por esse tempo". Só que o rei permanecia debaixo d'água e não voltava à superfície. Achando estranha aquela demora, os homens de Vidudabha mergulharam e descobriram que o rei havia se afogado, pois amarrara seu cabelo nas raízes das plantas aquáticas para evitar que seu corpo viesse à tona. Essa história trágica é contada até hoje. Portanto, parece que de fato existiu esse homem que chegou a sacrificar sua vida para dar tempo às mulheres e crianças de escaparem. Foi esse o trágico fim do reino Shakya.

Quando voltado para uma direção negativa, o pacifismo budista pode estimular os inimigos a infligirem terríveis crueldades e cometerem massacres. Esse é um dos aspectos do pacifismo budista, e exige um pouco de atenção.

As Leis da Perseverança

4

Porque Ocorrem Incidentes Absurdos Neste Mundo

Os Que Detêm o Poder Ignoram as Orientações da Happy Science

Embora diversas Verdades sejam transmitidas de diferentes formas, cada uma delas possui pontos vulneráveis. É difícil transmitir a Verdade de forma perfeita neste mundo, sem que haja pontos vulneráveis ou pontos fracos. Na realidade, podemos dizer que a Verdade com frequência não está muito em concordância com o senso comum deste mundo.

Venho trabalhando há mais de trinta anos desde que alcancei a Grande Iluminação. Temos sido atuantes como organização religiosa e espiritualista há muitos anos. Mesmo assim, meu desejo está longe de ter sido realizado.

A Happy Science expressa opiniões sobre os rumos que o Japão deveria seguir, e também vamos além disso, expressando muitas opiniões sobre outros países. Emitimos opiniões sobre os potenciais inimigos do Japão, e até sobre países aliados do Japão. Quando se trata de países controlados pela influência de outras religiões, também apontamos os problemas que vemos nessas religiões.

Embora esses assuntos possam estar de certo modo além da nossa força real, emito essas opiniões porque se não falar agora talvez depois seja tarde demais. Além disso, nossa organização ainda não possui força suficiente para dar conta de tudo o que eu desejo realizar.

Os poderes deste mundo que não querem reconhecer a Happy Science estão empenhados em manter o *status quo*. Talvez eles não sejam necessariamente perversos, mas como vêm sendo bem-sucedidos até agora, têm uma forte tendência a se prender às velhas formas de pensamento. Por isso, quando surge uma maneira completamente nova de pensar e eles são convidados a segui-la, não conseguem fazer isso imediatamente. Esse poder de resistir é expresso em sua atitude de ignorar-nos ou de se recusar a comentar algo a respeito.

Ainda Levará Tempo até Reconhecerem o Nosso Valor

Mesmo no Japão, quando as pessoas recebem prêmios de reconhecimento concedidos pelo governo, isso pode significar que sua vida profissional está chegando ao fim. Visto de outro modo, é como se estivesse sendo feita uma avaliação final da sua contribuição, o que indica que a pessoa não vai ascender a nenhum cargo mais elevado nem produzir mais nada. Ou, em outros casos, as pessoas obtêm reconhecimento depois que morrem. Também há casos cm que alguém é muito bem cotado em vida, mas essa avaliação é totalmente revertida após o seu falecimento.

Como as pessoas não são capazes de enxergar o futuro, isso pode criar várias dificuldades. Por exemplo, o Japão foi criticado sob a alegação de que "cometeu atrocidades nos países vizinhos da Ásia" durante a Guerra. O período pós-guerra começou com uma reflexão sobre as lições que o Japão havia aprendido. No entanto, se os países que afirmam ter sido prejudicados pelo Japão recebem elogios demais e são tratados como se estivessem absolutamente corretos, isso pode criar um outro problema, e fazer com que eventuais erros desses países não sejam corrigidos.

Outro exemplo é Mao-tsé Tung. Quando ele morreu em 1976, lembro que os jornais japoneses mostraram manchetes dizendo: "A Morte de um Grande Homem" e publicaram-se muitos artigos exaltando sua grandeza. Mas mesmo que alguns líderes sejam considerados grandes heróis enquanto vivos, às vezes, anos mais tarde, alguns problemas podem vir à tona. O mesmo vale para Kim Il-sung[29] e Stálin[30]. Eles exerceram imenso poder, mas após sua morte sua reputação despencou.

Hitler é mais um exemplo. Inicialmente ele foi um herói que entrou em cena com as eleições, o sistema democrático de votação. Naquela época, foi apoiado por cerca de 90% dos eleitores, mas, ainda em vida, foi considerado um tirano dos mais perversos.

Os seres humanos ficam ofuscados com facilidade por aquilo que veem à sua frente ou pela perspectiva de um ganho imediato, e tendem a pensar: "Melhor dobrar-se do que quebrar". Assim, quando são pressionados por autoridades poderosas ou por alguém que conta com apoio militar, em geral cumprem as ordens. Como resultado, num piscar de olhos podem acabar encarando o mesmo tipo de destino dos judeus, massacrados nas câmaras de gás.

---

29. Kim Il-sung (1912-1994): líder da Coreia do Norte desde a fundação do país, em 1948, até a data da sua morte.
30. Josef Stálin (1879-1953): foi líder da União Soviética; sob sua liderança, a URSS teve papel decisivo na derrota da Alemanha nazista na Segunda Guerra Mundial.

Os Invencíveis

O Absurdo deste Mundo: o Caso de Daw Aung San Suu Kyi

Neste mundo costumam ocorrer coisas absurdas, que às vezes se estendem por um bom tempo. O comunismo da União Soviética durou mais de setenta anos. Embora a China resista com seu atual regime, acredito que ainda vou assistir ao fim desse regime durante meu período de vida. Há situações em que Deus permite que coisas assim se estendam por décadas.

O mesmo vale para Myanmar – que em alguns locais ainda é conhecido como "Birmânia". Seja como for, em Myanmar, o partido liderado por Daw Aung San Suu Kyi obteve uma grande vitória nas eleições de 1990. No entanto, embora ela conseguisse esse mandato para comandar o governo, foi mantida em prisão domiciliar por vinte anos pelo governo militar.

Seu marido inglês empenhou-se muito fazendo *lobby* para que ela fosse agraciada com o Prêmio Nobel da Paz. Mesmo assim, com todo o esforço dele para focalizar a atenção do mundo para o caso dela, não conseguiu fazer com que fosse libertada.

Se ela tivesse aceitado a deportação oferecida e saído de Myanmar, nunca mais teria permissão para voltar. Portanto, ela ficou impossibilitada de sair do país. Como resultado, passou vinte anos em prisão domiciliar, longe do marido e dos filhos. Esse episódio teve lugar abertamente, sob os olhos de toda a comunidade internacional.

Embora se diga que Myanmar está se encaminhando para uma democratização, na realidade ainda há um governo militar. Eles aliviaram um pouco as coisas e se tornaram capazes de receber alguma ajuda de países estrangeiros. O que está acontecendo é que alguns militares fingem ser civis para dar a impressão de que há algum jogo político, mas na realidade são os militares que ainda comandam a nação.

Além disso, a Constituição de Myanmar foi alterada para que Suu Kyi não possa ser presidente. No Japão, por exemplo, é extremamente difícil alterar a Constituição, mas em Myanmar, ela foi alterada de modo que nenhuma pessoa casada com um estrangeiro possa assumir a presidência. Sem dúvida, essa manobra foi dirigida contra Suu Kyi. Ela seria compreensível se a proibição se dirigisse a alguém que presentemente fosse casado com um estrangeiro. Afinal, um país estrangeiro poderia controlar a nação por meio de seu cônjuge. Mas isso não se aplica a Suu Kyi, pois seu marido já havia falecido.

Quando a Constituição de Myanmar foi alterada, acrescentaram-se dois artigos: "Ninguém que tenha sido casado por um tempo com algum estrangeiro poderá se tornar presidente" e "Ninguém que não tenha conhecimento de assuntos militares poderá se tornar presidente". O que significa que você só pode se tornar presidente se tiver sido soldado ou membro do exército.

Como resultado desses dois artigos, Suu Kyi praticamente não tem como se tornar presidente. É surpreendente que se insiram artigos numa Constituição para evitar que determinada pessoa se torne chefe de estado. Eu até gostaria que essas pessoas viessem ao Japão e alterassem nossa Constituição. Mas, de qualquer modo, em certos países como Myanmar é possível fazer essas coisas.

Felizmente, o movimento democrático em Myanmar ainda é ativo hoje em dia, portanto essa Constituição algum dia talvez seja descartada. Como podemos ver, eventos insensatos como esses são bastante comuns, e podem se estender por vinte anos ou mais.

A Era Pol Pot, o Demônio Vivo

Também há casos como o do antigo regime de Pol Pot no Cambodja, que matou dois milhões de cidadãos e transformou-os em esqueletos. Foi um genocídio; havia incontáveis esqueletos em prateleiras, formando montanhas de ossaturas humanas. Eram principalmente de intelectuais e pessoas da elite acadêmica. Qualquer pessoa que tivesse se formado por uma universidade era morta, inclusive estudantes que retornavam ao Cambodja depois de estudar e morar no exterior.

Essas pessoas foram mortas porque haviam adquirido valores diferentes. Geralmente são os intelectuais, as pessoas mais instruídas, que criticam o que os homens de Estado estão fazendo. Pessoas que sabem como os governos de outros países funcionam passam a criticar os políticos locais, por isso todos os intelectuais e aqueles que tinham estado no exterior foram mortos. Afinal, eles podiam ver que havia muita coisa a ser criticada, a partir do exemplo que conheciam de outros países. Isso é totalmente inaceitável. Se tivessem acesso à Happy Science, os membros da equipe da nossa Sede Internacional seriam os primeiros a serem mortos.

Existem situações em que mesmo diante de uma atrocidade na qual dois milhões de pessoas foram mortas, não há muito o que fazer. Há épocas em que demônios vivos assumem as rédeas.

As Leis da Perseverança

"Atitudes Corretas" Vividas na História Tornam-se Sabedoria para a Humanidade

O mundo é uma espécie de campo de provas, um lugar para aprender várias lições. Visto desse ponto de vista, eventos cruéis ou incoerentes podem ocorrer por determinado período de tempo. Só que depois que terminam, as pessoas começam a refletir sobre eles e contemplam "ações que foram corretas", fazendo com que se torne sabedoria para a humanidade. Portanto, o que é correto às vezes não pode ser entendido naquele momento.

No século 3, na China, por exemplo, houve um tempo em que três reinos ficaram lutando indefinidamente entre eles, e isso é descrito nos Registros dos Três Reinos (Sangoku). Nesse período, ninguém sabia qual dos reinos estava realmente correto e a maioria das pessoas provavelmente só pensava que o reino vencedor deveria unificar o país.

Quando examinamos a história, é difícil ver nela um desdobramento lógico. Em vez de ser construída logicamente em linha reta, a história parece consistir tanto de "construção" quanto de "destruição".

Os Invencíveis

5

Persevere nas Situações em Que Não Obtém Aprovação

A Equipe da Happy Science Enfrentou Altos e Baixos no Início

A Happy Science tem desenvolvido vários projetos e vem fazendo diferentes tipos de trabalho, mas sinto que não contamos ainda com aprovação suficiente e que as coisas muitas vezes não correm conforme o planejado. Às vezes penso: "Por que as pessoas colocam obstáculos e tentam interferir no nosso trabalho, apesar de nos esforçarmos tanto?" E, em relação a outras organizações, às vezes penso: "Por que as pessoas apoiam ardorosamente essas organizações tão ruins?"

Provavelmente porque as pessoas ou grupos que estão equivocados têm afinidade com este mundo, e sentem que seus valores estão mais próximos dele. Por isso eles conseguem ser mais facilmente entendidos e parecem mais familiares. Por causa disso, as pessoas que vivem para a Verdade têm de suportar o fato de não serem aprovadas por certo período de tempo. É preciso adotar essa postura mental.

Eu costumava olhar para o passado e pensar: "Meu trabalho não se desenvolveu como eu havia planejado" ou "Nós estamos fazendo coisas tão boas, por que será que as pessoas não entendem isso?" No entanto, quando reflito sobre o meu passado e penso na época em que a Happy Science foi fundada, ou antes de eu começar a me comunicar com o Mundo Espiritual, lembro que eu não tinha discípulos. Eu mesmo ainda não conhecia bem a Verdade. Então, quando passei pela experiência de fenômenos espirituais, no início, até mesmo minha família olhava para isso em dúvida e achava muito difícil acreditar. Portanto, meu trabalho só começou quando minha família passou a acreditar.

Depois disso, quando publiquei meus livros, muitas pessoas tornaram-se meus leitores e os mais dedicados aos poucos foram se reunindo para me apoiar. Desde então, décadas se passaram. Houve muitas mudanças, com vários altos e baixos.

Inicialmente minha família me ajudou, mas depois, discípulos de outras organizações espiritualistas e religiões se juntaram a nós e nos ajudaram de diversas formas. No entanto, conforme nossa organização se estabeleceu, essas relações começaram a ficar mais difíceis.

Alguns discípulos que vinham de outras organizações religiosas e espiritualistas tendiam a achar que quanto mais cedo tivessem entrado na nossa, mais importantes seriam. Se entre os discípulos alguém começa a se achar mais importante que os que vieram depois, isso complica o relacionamento. Nem sempre promovo as pessoas segundo sua ordem de entrada. Quando escolho quem vou promover, é raro que leve em conta esse fator. Portanto, às vezes eu lamento mas não posso promover alguns que estiveram à frente na liderança da nossa organização desde o início.

Algumas pessoas poderiam ter ficado mais tempo conosco se tivessem entrado um pouco depois. No entanto, em muitos casos, elas decidiram sair antes do esperado, pois chegaram cedo demais, antes que a organização tivesse se firmado. Algumas pessoas, que estavam acostumadas com a atmosfera mais livre e flexível da Happy Science nos seus primórdios, viram que aos poucos perdiam um pouco da sua liberdade, pois a administração se tornava mais estruturada. Não podiam mais agir ou dar orientações do jeito que queriam. Como resultado, ocorreram muitas mudanças à minha volta.

É Importante Ter uma Atitude Paciente para Aceitar a Verdade

Fora da Happy Science há muitas pessoas que não são membros e apoiam nosso trabalho; há também pessoas que são contra nossa instituição, mas dentre estas, muitas pessoas que se opunham vêm mudando sua opinião a nosso respeito. Ao longo dessas décadas, vivenciamos várias batalhas.

Além da Happy Science, outras religiões espiritualistas foram fundadas no Japão na década de 1980. Embora as pessoas achassem que todas eram similares no início, sinto que a avaliação delas aos poucos foi mudando com o passar dos anos.

Algumas pessoas costumavam nos atacar, achando que a Happy Science era uma religião equivocada. Mas isso foi mudando gradualmente. Devido à influência e autoridade da Happy Science na sociedade, as pessoas começaram a prestar mais atenção ao movimento de religiões influentes, e do mesmo modo estão acompanhando de perto os políticos de destaque. Tenho, portanto, a impressão de que a natureza de seus ataques está mudando.

Não obstante, do nosso ponto de vista, sinto ainda que estão longe de aceitar a Verdade. Por isso não podemos parar aqui. Em nosso esforço incessante de nos elevarmos um degrau acima, podemos passar a impressão de que estamos ambicionando poder e fama, e assim podemos receber

As Leis da Perseverança

críticas com maior intensidade ainda. Portanto, teremos de continuar enfrentando obstáculos, que sempre são muito difíceis de superar.

Estamos travando a "guerra da Verdade", defendendo a "retidão" com todas as nossas forças. Mas é sempre bom refletir sobre a questão: "O que é retidão?" Há uma grande diferença entre a retidão válida no mundo espiritual e a retidão válida apenas neste mundo. Não é comum as duas coisas coincidirem.

Apesar disso, sinto que a sociedade aos poucos reconhece o que a Happy Science propõe e que irá seguir-nos num período de tempo comparativamente curto, embora isso possa se dar bem aos poucos. Mas, em sintonia com nossa postura básica, eu muitas vezes lembro a mim mesmo de que devemos ter paciência.

Vamos continuar crescendo, mas também temos de saber que é difícil conseguir um sucesso rápido ou uma expansão em grande escala. Ao contrário do que ocorre no mundo do entretenimento ou dos esportes, uma religião raramente se torna um superastro da noite para o dia. Muito pelo contrário, há situações em que achamos insensato quando outras organizações religiosas ganham destaque, recebendo atenções e altos elogios.

Mesmo assim, enquanto continuarmos a perseverar com paciência, veremos que a reputação daqueles que foram alçados às nuvens de repente poderá despencar. Já vimos isso muitas vezes. Portanto, mesmo que certas organizações religiosas de repente se tornem o foco de todas as atenções, não devemos nos incomodar com isso e muito menos adotar uma atitude agressiva. Ao contrário, o importante é aderir com firmeza àquilo que pensamos e em que acreditamos.

6

"Mensageiros de Deus" Que Deram a Vida pela Verdade

Por Estranho Que Pareça, para Mudar a História É Preciso Passar por Provações Rigorosas

A esta altura, não sou tão radical a ponto de desejar que nossas atividades avancem mais rapidamente, com o risco de precipitar um futuro desastroso para nós. Além disso, como vemos na história da humanidade, é comum que as pessoas que mudam a história enfrentem duras provações. Sob certos aspectos, não sei o que o futuro nos reserva.

Por exemplo, quando examino a vida de Shōin Yoshida (1830-1859), o precursor da Restauração Meiji no Japão, não tenho como não me perguntar por que ele acabou sendo executado. Se houve alguma razão para isso, talvez tenha sido o fato de ele ser uma influência forte demais. Em outras palavras, as pessoas no poder podem ter achado que, por Yoshida ser tremendamente influente, poderia arrebanhar muitos fiéis e apoio, por isso decidiram podá-lo antes que florescesse. Mesmo assim, ainda me parece estranho que tenha sido executado.

Outro exemplo é Joana d'Arc (1412–1431), a heroína francesa. Naquela época, o sentido da justiça havia-se perdido totalmente. Embora a realeza inglesa e francesa promovessem casamentos entre suas dinastias para criar alianças familiares,

As Leis da Perseverança

a Inglaterra acabou iniciando uma guerra contra a França. As pessoas que se viram no meio desse conflito acharam difícil concluir se seria melhor para a França tornar-se colônia da Inglaterra ou manter sua independência.

Nessa época, Joana d'Arc entrou em cena e deixou claro que era a Vontade de Deus proteger a França. Ela travou uma guerra para expulsar o exército inglês, mas depois foi acusada de heresia, declarada culpada e queimada na fogueira, não pelos ingleses, mas pelo clero católico da França. Foi algo irracional e parece um pouco similar ao que aconteceu com Jesus.

No caso de Jesus, também, não foram os romanos que ordenaram sua execução. Embora a Judeia fosse colônia romana, foram os judeus que expediram a sentença de morte de Jesus. Como havia alguma distância entre os romanos e Jesus, aqueles romanos que governavam a colônia acharam perigoso executar aquele homem, por isso deixaram a sentença a cargo dos judeus.

O julgamento feito pelos judeus levou a perdoar um assassino e executar Jesus. Esse tipo de ódio é algo inacreditável. Naquele momento, havia três outras pessoas sentenciadas à morte, mas era costume perdoar uma delas durante as festividades, portanto o governador da Judeia perguntou: "Quem devo perdoar, Jesus ou Barrabás?" e a multidão de judeus respondeu: "Barrabás". Embora alguns digam que Barrabás tenha sido condenado por ser ativista político, em geral considera-se que era um ladrão e assassino.

Como os judeus haviam gritado para que se perdoasse Barrabás e se executasse Jesus, este no final acabou sendo morto. Portanto, Jesus foi executado pelo seu "próprio povo", o que sem dúvida é algo inaceitável.

Os Invencíveis

É Possível Deixar Luz para as Gerações Futuras, Mesmo Que Você Tenha um Final Trágico

A heroica trajetória de Joana d'Arc durou dos seus dezessete aos dezenove anos. Era filha de camponeses e não tinha escolaridade, por isso, ao que parece, não sabia ler nem escrever. Antes do julgamento, foi ardilosamente levada a assinar um documento – disseram-lhe que se não o assinasse seria queimada –, mas na realidade o documento declarava que seu testemunho era mentiroso. Ou seja, ao assinar o documento, ela confirmava que seu testemunho de ter ouvido a voz de Deus era falso. Como era iletrada, foi fácil enganar Joana. Mais tarde, ela negou a declaração do documento, mas foi queimada mesmo assim.

É um verdadeiro mistério que mensageiros de Deus não sejam usualmente aceitos pelo mundo como deveriam, e que sofram um destino trágico.

Joana d'Arc foi declarada santa pela Igreja Católica quinhentos anos após sua morte. Isso significa que a Igreja Católica, talvez por orgulho, recusou-se durante quinhentos anos a admitir que estava errada. O povo admitiu ter-se equivocado muito tempo antes, mas a Igreja Católica só fez isso quinhentos anos depois.

Isso guarda similaridades com o caso de Shōin Yoshida. De qualquer modo, mesmo que tais pessoas que viveram para cumprir uma grande missão tenham um final trágico em termos deste mundo, suas vidas serão avaliadas de modo justo mais tarde. Elas conseguiram deixar uma poderosa luz no coração de muitas pessoas.

Há muito poucos franceses famosos por terem mudado a história, além de Joana d'Arc e Napoleão. Olhando em retrospecto, a Restauração Meiji também teve vários pensadores e revolucionários. E fica claro que foi apenas um punhado de pessoas que acendeu a centelha da revolução.

Continue Afirmando o Que É Certo em Vez de Ceder aos Valores Contemporâneos

Há coisas que não podem ser facilmente compreendidas por aqueles que vivem na mesma época. Às vezes, entre os perseguidores há pessoas brilhantes, mas, por mais destacadas que possam ser, se estiverem imersas no regime da época, não conseguirão se libertar de sua lógica e acabarão cumprindo lealmente seus deveres oficiais.

Tenho certeza de que haverá também no futuro vários momentos em que sentiremos que os julgamentos e valores deste mundo não terão sido corretos. Na nossa busca da Verdade, mesmo que os julgamentos, decisões e avaliações deste mundo assumam uma forma diferente daquela que poderíamos esperar, nunca devemos pôr de lado aquilo em que acreditamos. Nossa atitude deve ser a de quem sabe estar sendo testado mais uma vez.

Olhando para a história da humanidade, desde os tempos antigos, vemos que sempre houve pessoas que não abriram mão da Verdade, mesmo que sua vida estivesse em jogo. Algumas foram depois avaliadas de modo correto, mas outras não foram reconhecidas e continuaram sendo vistas como hereges. Sem dúvida, muitas pessoas foram executadas e apagadas da história sem nunca ter sua honra restaurada. Mas acredito que tais pessoas cumpriam, à sua maneira, algum tipo de missão.

Na presente era, também há muitas pessoas assim. O que importa é não acompanhar os valores contemporâneos, e, sim, continuar expressando o que consideramos certo.

Os Invencíveis

7

As Pessoas Que Vivem para a Verdade São Invencíveis

A Importância da Perseverança – a Resolução de Nunca Abandonar a Verdade

"Os invencíveis" aos quais me referi há pouco não são os que nunca perderam no sentido terreno. Pelo fato de eu sempre ensinar as leis do sucesso, talvez você ache que "invencíveis" se refere àqueles que continuam a ter sucesso neste mundo. Esse é apenas um aspecto, mas há também o lado oposto.

Em outras palavras, quando se trata da Verdade Divina ou do Ensinamento Búdico, isso deve ficar sempre acima dos julgamentos de valor deste mundo, do status ou de qualquer ganho ou perda. Portanto, sinta orgulho de se sacrificar pelos valores da Verdade que decidiu acolher.

Eu comecei sem seguidores e cheguei até onde estou. Olhando de modo objetivo, o número de nossos seguidores cresce constantemente em todo o mundo. A marcha da luz está definitivamente avançando e continua a se expandir.

Apesar disso, ainda temos um longo caminho pela frente antes de estabelecer de fato a fé em El Cantare neste planeta. Vai levar tempo para despertar as pessoas para o ensinamento fundamental, o conceito de El Cantare, e guiá-las para que acreditem que El Cantare é o guia central das várias religiões e Verdades difundidas nesta Terra.

As Leis da Perseverança

Não será tarefa fácil guiar todo mundo que vive hoje na Terra para que tenham fé em El Cantare. Nós seremos aceitos até certo ponto como uma dentre as várias religiões, mas depois de crescermos e alcançarmos larga escala, acredito que não seremos aceitos tão facilmente.

No mundo atual temos várias religiões, como cristianismo, budismo, islamismo, o xintoísmo japonês e outras. Sob certos aspectos, não sabemos como elas irão reagir quando a Happy Science se tornar realmente grande, a ponto de as outras religiões se sentirem ameaçadas. É imprevisível como seremos avaliados, e de que modo seremos criticados ou atacados.

Não obstante, é importante ter uma atitude de perseverança, uma resolução de nunca largar a tocha da Verdade, não importa o que aconteça. Pessoas de valor sempre experimentam um período em que precisam exercitar a perseverança.

O Presidente Lincoln Não Era Bem-visto em Sua Época

Pegando o exemplo de Lincoln (1809-1865), ele foi recentemente reavaliado nos Estados Unidos e passou a receber maior consideração. Mas levando-se em conta o número de vezes em que ele perdeu eleições, pode-se concluir que as pessoas de sua época não tinham muito critério nesse tipo de avaliação, mesmo num país democrático como os Estados Unidos.

Provavelmente Lincoln perdeu bem mais eleições do que ganhou. Imagino que ele na realidade não era muito popular, apesar de ser um orador muito bom e de ter uma personalidade magnífica.

Os Invencíveis

Era um homem alto, com braços e pernas compridos como os de uma aranha, devido a um distúrbio físico. Não tenho certeza se isso é verdade ou não, mas dizem que seus braços eram tão compridos que chegavam à altura do joelho. Seja como for, parece que ele tinha uma leve deformidade, ou no mínimo um físico bastante peculiar.

Além disso, seu rosto era notório por uma fisionomia carrancuda. Conta-se que recebeu a carta de um admirador, uma criança, dizendo que ele ficaria melhor se deixasse crescer a barba. Então ele decidiu aceitar a sugestão e adquiriu o aspecto que conhecemos.

Mesmo um homem como Lincoln não conseguiu ganhar muitas eleições, embora seja considerado hoje "o presidente mais amado dos Estados Unidos". Na verdade, ele é também o presidente que causou mais mortes na história do país. As 600 mil mortes da Guerra Civil são o número mais elevado registrado nos Estados Unidos. Mas os americanos acreditam que o presidente Lincoln unificou o país, evitando que se dividisse e criando a grande América.

Lincoln é um dos grandes homens venerados hoje como um deus nos Estados Unidos, um país sem deus. Mas na sua época os americanos não reconheciam muito isso. Ele se tornou presidente e liderou a Guerra Civil, e embora esta tenha terminado com a vitória dos estados do Norte, ele acabou sendo assassinado num atentado dentro de um teatro. Ou seja, seu valor ainda não se consolidara, mesmo àquela altura dos acontecimentos.

As pessoas do Sul do país provavelmente o odiavam de verdade, já que havia lhes tirado seus antigos direitos de propriedade. Naqueles dias, os escravos eram também propriedade, e a emancipação dos escravos causou um dano enorme à economia do Sul, baseada nas fazendas de algodão. No entanto, Lincoln deu alta prioridade à abolição da discriminação racial.

Martin Luther King Lutou Contra a Discriminação Racial e Acabou Sendo Assassinado

Embora a discriminação racial nos Estados Unidos parecesse ter sido abolida por Lincoln, na verdade ela continuava quase cem anos depois. Assim, ainda que as pessoas digam que Lincoln unificou o país e trouxe a igualdade, o muro que dividia brancos e negros existia no país. Por isso, Martin Luther King Jr. fez seu famoso discurso que começava com "Eu tenho um sonho".

Nesse discurso, ele diz "Eu tenho um sonho de que um dia, nas colinas vermelhas da Geórgia, os filhos de descendentes de escravos e os filhos de donos de escravos serão capazes de se sentar juntos na mesa da fraternidade." Mas Martin Luther King também foi assassinado, baleado enquanto participava de uma reunião na sacada de um hotel.

Neste mundo, há com frequência eventos que nos fazem pensar: "Por que coisas tão ultrajantes precisam ocorrer?"

Pessoas com Fortes Crenças São Invencíveis

As pessoas que vivem para a Verdade muitas vezes não contam com a aprovação dos outros; sofrem hostilidades, perseguições ou opressão neste mundo. No entanto, à medida que seu trabalho é acompanhado por valores eternos e universais, sem dúvida isso sempre será recompensado mais tarde.

Na Happy Science também estamos fazendo o que podemos, usando nossa capacidade ao máximo. Queremos mudar a estrutura do Japão e dos Estados Unidos e mudar a maneira pela qual o governo da China conduz o país. Apesar do nosso poder limitado, fazemos isso e também expressamos opiniões a respeito das Coreias do Norte e do Sul, do mundo árabe e sobre outros países.

Vendo de maneira objetiva, talvez precisássemos ter maior poder para cumprir essas metas. Nossas ações ainda se comparam a atirar pedras em tanques. Mesmo assim, acredito que com o tempo a Verdade será difundida. Ela não irá minguar, e sim expandir-se. Também estou certo de que teremos um papel efetivo nesse momento crucial da história.

Claro, queremos seguir um caminho que também possa ser visto objetivamente como um sucesso. Mesmo que nosso sucesso venha com atraso, ou que a estrada que leva a ele pareça estar bloqueada, devemos continuar mostrando que há pessoas neste mundo que são invencíveis mesmo quando perdem. Desejo muito demonstrar às gerações futuras que as pessoas que vivem com crenças profundas são invencíveis.

Sacrifique-se pelos Eternamente Invencíveis

Eu ensino muitas leis relacionadas ao sucesso, mas você deve sempre lembrar que o fato de não alcançar sucesso neste mundo não significa que agiu de forma incorreta. Preciso declarar isso do ponto de vista da religião e da espiritualidade. Na verdade, muitas vezes você não foi de fato derrotado, mesmo quando parece que saiu perdendo em termos do

As Leis da Perseverança

nosso mundo. Ou seja, podemos continuar a brilhar intensamente por toda a eternidade.

Com certeza, uma batalha muito dura e difícil continuará a ser travada enquanto as pessoas não aceitarem nosso trabalho. Talvez você pense: "Que bom seria se a Verdade se tornasse mais amplamente aceita e mais pessoas acreditassem nela", "Que bom seria se mais pessoas influentes dessem aval às nossas atividades e nos apoiassem", "Por que não conseguimos mais rapidamente a aprovação da comunidade internacional?" ou ainda "Por que ficamos tão atolados nos preconceitos que as pessoas têm contra a religião e não conseguimos nos libertar disso?" Tais pensamentos podem surgir com frequência na sua mente.

No entanto, pessoas que pertencem a outras religiões com certeza têm pensamentos do mesmo tipo. As pessoas que acreditam em outras religiões também devem sentir-se frustradas, pensando: "Nossa religião é a única verdadeira, então por que não está se expandindo? Por que será que o mundo não nos reconhece?"

Ou, particularmente da perspectiva do budismo ou de outras religiões tradicionais, a Happy Science pode parecer estar ensinando o oposto do que eles pregam. Por exemplo, desde o acidente com as instalações nucleares de Fukushima, várias religiões têm se dedicado ao movimento antinuclear. Para eles, talvez a "heterodoxa" Happy Science dê a impressão de querer agitar as coisas, causando obstruções e tentando privar as pessoas de felicidade ao defender a continuidade das usinas nucleares.

Muitas pessoas podem achar, ao ver países como a China, a Coreia do Sul e a Coreia do Norte ganhando poder, que esses países merecem ser felizes e que o Japão deverá de-

Os Invencíveis

cair porque fez coisas terríveis contra eles na última guerra. Por outro lado, pessoas com algum grau de disposição religiosa, como o presidente Obama, podem ficar preocupadas achando que a política japonesa está tendendo para a direita. Acham que o Japão está adotando um sistema que pode levar a uma guerra. Nesse sentido, existem na realidade vários pontos de vista e o nosso pensamento não resume tudo.

> No entanto, as pessoas que acreditam na Verdade,
> Não devem se deixar levar pelo egoísmo,
> E sim dedicar a vida a difundir a Verdade.
> Não importa se você ganha ou perde neste mundo,
> Nem mesmo se você é dominado,
> Pois há coisas que são eternamente invencíveis
> E isso é a Verdade.
> É preciso que você tenha sempre o espírito
> De se sacrificar em nome da Verdade.
> Essa é a mensagem que lhe transmito neste capítulo.

Capítulo Cinco

Invertendo o Senso Comum

A Força da Verdade Abrirá uma Nova Era

1
Superando o Senso Comum

Trinta Anos de Luta Contra a Incompreensão da Verdade

Este capítulo baseia-se numa palestra que ministrei durante a Cerimônia da Grande Iluminação (evento realizado anualmente para comemorar o dia em que atingi o grande despertar). Já faz mais de trinta anos que alcancei a "Grande Iluminação", em 1981, e quando olho para trás percebo que de fato tenho sido um "guerreiro". Sinto isso com mais intensidade quando reflito sobre os anos mais recentes de minha vida.

Essa luta ainda não terminou. A Roda do Darma foi posta para girar, mas o caminho que temos pela frente ainda é longo. As trevas da ignorância espiritual ainda são profundas. Há uma quantidade enorme de pessoas distantes da Verdade. Apesar de estarmos expandindo nossos ensinamentos para o mundo todo, ainda estamos longe de alcançar todas as pessoas ao redor do planeta.

Sinto que os alicerces do ensinamento já foram transmitidos. Agora, a batalha consiste em difundir esses ensinamentos da maneira mais abrangente e ampla possível. Olhando para a História da humanidade, não há líder religioso que não tenha lutado contra a forma de pensar das pessoas da sua época.

Como as pessoas podem ser tão esquecidas assim? Por que elas têm tanta dificuldade em compreender a simples Verdade? Por que são obstinadas em não acreditar em nada Além daquilo que possam ver, ouvir ou tocar? De fato, é uma pena.

Jan Hus Foi Executado pelo "Pecado" de Traduzir a Bíblia para o Tcheco

O que me deixa mais triste é que os oponentes com os quais um líder religioso pode ter de lutar não são apenas pessoas que não acreditam em religião. Por exemplo, entre as mensagens espirituais que temos publicado recentemente está *Spiritual Messages from Jan Hus and Joan of Arc*[31]. Esses dois líderes religiosos viveram por volta do ano 1400.

Se examinarmos a história da República Tcheca, onde nasceu Jan Hus (1370-1415), veremos que dificilmente encontraremos outra pessoa além dele que possa ser considerado um "deus". Não há ninguém mais. Nos retratos, Jan Hus também é visto sozinho. Não há outros deuses ou anjos pintados junto com ele. Ele foi o único espírito guia de luz que desceu na capital da República Tcheca (Praga). As pessoas falam dele como se fosse o deus que fundou o país.

No entanto, na época, o Vaticano, sede da Igreja Católica, o considerou um herege. Hus era diretor da Universidade Carlos de Praga, mas foi perseguido por ter

---

31. ("Mensagens Espirituais de Jan Hus e Joana d'Arc"), IRH Press Co., Ltd., disponível apenas em japonês.

traduzido a Bíblia, onde se encontram registradas as palavras e as ações de Jesus. Hus foi perseguido por traduzi--la para o tcheco e distribuí-la às pessoas. Por fim, foi julgado pela Inquisição, condenado à morte e queimado na fogueira.

    Se isso tivesse sido feito por pessoas não religiosas ou de alguma antiga religião nativa que temesse novas crenças, talvez fosse mais compreensível. No entanto, Hus foi considerado herege pela Igreja Católica por ter sido o primeiro a publicar a Bíblia em tcheco, e por isso foi queimado na fogueira. Depois disso, a raiva das pessoas não pôde mais ser sufocada e tiveram início as ferozes batalhas conhecidas como Guerras Hussitas.

A Igreja Executou Joana d'Arc, a Donzela Patriota Que Obedecia à "Voz de Deus"

Cerca de uma geração mais tarde, surgiu na França Joana d'Arc, também conhecida como "a Donzela de Orléans". Jovem nascida na tranquila aldeia rural Domremy, aos dezessete anos Joana ouviu a voz de Deus dizendo-lhe para libertar Orléans dos invasores ingleses e salvar a França. Então partiu para a ação, para tentar libertar Orléans, na época cercada pelo inimigo.

    Ela continuou lutando por dois anos, arremetendo em seu cavalo branco, espada na mão, contra as fileiras do exército inglês. Como resultado, libertou Orléans e evitou a destruição da França. O exército inglês se retirou completamente. Foi um verdadeiro milagre.

    No entanto, por incrível que pareça, Joana d'Arc, que salvou a França, foi submetida à Inquisição pela Igreja

As Leis da Perseverança

Católica. Depois de ter sido interrogada várias vezes, foi condenada como herege e queimada na fogueira.

Ela foi considerada "herege" porque a Igreja Católica não acreditou que uma jovem camponesa, que nem sabia ler e escrever, pudesse ser capaz de ouvir a voz de Deus. Eles acharam que a voz de Deus não seria enviada a alguém como ela, já que nem mesmo clérigos como eles eram capazes de ouvi-la. Lançaram mão, então, de vários pretextos para criticá-la. Por exemplo, perguntaram-lhe se havia obedecido a seu pai e sua mãe, como ensina a Igreja Católica tradicional, e a acusaram de herege por desobedecê-los.

Mas uma jovem enviada por Deus para libertar a França jamais iria se preocupar em pedir permissão a seus pais. Na verdade, não havia diferença nenhuma entre o clero católico da época de Joana d'Arc e o sinédrio judeu de dois mil anos atrás, que acreditava no Antigo Testamento e enviou Jesus para a cruz.

Uma História de Repressão de "Reformadores Religiosos Enviados pelo Mundo Celestial"

Quinhentos anos mais tarde, por fim a Igreja Católica canonizou Joana d'Arc. Mas qualquer pessoa da sua época podia ver que se tratava de uma enviada de Deus. Era óbvio que ela estava cumprindo uma missão sagrada que Deus lhe ordenara: libertar a França e proteger sua independência. Todos sabiam que se não fosse por ela a França teria sido destruída. Mas a Igreja levou quinhentos anos para admitir isso.

Recentemente, um novo papa foi empossado no Vaticano. Dizem que é a primeira vez em seiscentos anos que,

Invertendo o Senso Comum

por motivos variados, o papado mudou de mãos estando o papa anterior ainda vivo. De fato, é algo inacreditável, mesmo se comparado com o senso comum atual, que ainda seja tão antiquada assim.

Tem havido muitos boatos sombrios de que o Vaticano se envolveu em vários escândalos, e que talvez tenha praticado obscuras transações financeiras com a Máfia. Isso nos dá a impressão de que muitos "políticos" e "aproveitadores" estão se infiltrando entre os clérigos para agir livremente no Vaticano. Talvez seja justamente esse tipo de pessoas astutas que se insinuam por lá com interesses mundanos, que vêm perseguindo continuamente os verdadeiros reformadores religiosos enviados pelo mundo celestial.

As Leis da Perseverança

O "Senso Comum" do Mundo Religioso Vai Contra a Vontade de Deus

A Verdadeira Intenção por Trás da Igreja Que Não Deseja a "Ressurreição de Cristo"

Quando o mundo entrou na era de predomínio da ciência, a religião foi posta de lado e as pessoas perderam a fé; ao mesmo tempo, acreditar na ciência com base no materialismo tornou-se o senso comum ou o pensamento coletivo comumente aceito neste mundo. Esse tipo de senso comum precisa ser revertido. No entanto, o título deste capítulo "Invertendo o senso comum" não se refere a apenas isso.

Dentro daquilo que se solidificou como senso comum na religião e espiritualidade, também há ideias que constituem uma afronta ao coração de Deus. Existem muitas pessoas nas religiões que priorizam seus interesses pessoais em vez da Vontade de Deus. Nesse sentido, é preciso inverter o pensamento comum presente também no mundo religioso.

É isso exatamente o que o escritor russo Dostoiévski descreve por meio do Grande Inquisidor em seu livro *Os Irmãos Karamázov*. O capítulo intitulado "O Grande Inquisidor" conta a história de Jesus sendo ressuscitado na Terra na Idade Média. Na história, o cardeal compreende que o homem que cura os doentes e traz os mortos de volta à vida é de fato Jesus que retornou.

Apesar disso, o cardeal manda prender o homem, coloca-o na cadeia e o interroga. O cardeal não chega a aplicar-lhe a sentença de morte, mas o expulsa da cidade. Enquanto o mantém na prisão, o cardeal diz a ele algo como: "Sei quem você é. Mas não precisamos de você. Por que voltou agora? Não precisava ter vindo. Não queremos que o mundo que construímos seja destruído pela sua volta". Assim, nesse livro, o cardeal ordena que o homem seja exilado, mesmo sabendo muito bem que se tratava do Cristo ressuscitado.

A Igreja Ortodoxa Russa Excomungou Tolstói, Que Era uma Alma-irmã de Jesus

Na mesma época de Dostoiévski, nasceu na Rússia outro expoente da literatura chamado Tolstói (1828-1910). Nós registramos suas mensagens espirituais em 2012, e naquela ocasião, ele afirmou claramente que era uma das almas-irmãs de Jesus (espírito-ramo)[32].

Em suas mensagens espirituais, Tolstói declara: "Enquanto houver luz, ande na luz", assim como Jesus já havia feito. No entanto, Tolstói foi excomungado pela Igreja Ortodoxa Russa nos últimos anos de sua vida. Embora fosse um gigante literário conhecido no mundo inteiro, foi excomungado por ser considerado "inaceitável" como membro

---

32 Ver *Tolstoy: Words for Life* ("Tolstói: Palavras para a Vida"), IRH Press Co., Ltd., disponível apenas em japonês.

As Leis da Perseverança

da Igreja Ortodoxa Russa. Isso significa que vivemos numa era em que a Igreja iniciada por Jesus não compreende mais a vontade Dele.

O "Senso Comum" do Século 21 Está Repleto de Mal-entendidos e Ideias Equivocadas

O senso comum que agora devemos inverter não é apenas o pensamento que circula nesse nosso mundo confortável de artefatos de alta tecnologia. Como "mundo confortável" me refiro ao mundo onde se valorizam muito os automóveis, os celulares e a internet. Além disso, algumas maneiras de pensar baseadas em tradições religiosas devem também ser modificadas, pois ficaram recobertas de sujeira e fuligem, poeira e mofo, e não refletem mais a Verdade.

Como vimos, na obra literária que mencionei, mesmo que alguém equivalente a Jesus ou Buda aparecesse hoje, é bem possível que sua aparição não fosse considerada bem-vinda. Possivelmente, igrejas, templos e vários grandes grupos religiosos iriam querer se proteger e garantir sua continuidade, e tomariam a "decisão necessária" de afastar essa pessoa.

Uma atitude similar pode ser vista no mundo da política. Há muitas pessoas corruptas que se autodenominam "políticos". Seu único desejo é a manutenção das estruturas vigentes para que possam proteger seus próprios interesses e meio de vida. Eles empregam vários artifícios fraudulentos para conseguir esse fim. No mundo da religião, também há muitos religiosos que, com indiferença, realizam ritos fúnebres para os mortos, mas na verdade negam a existência do outro mundo e da alma. Isso é muito triste.

No campo da medicina, também, os médicos negam qualquer coisa que não tenha sido objeto de investigação científica e rejeitam tudo o que não esteja nos manuais. Embora a ciência médica seja considerada como o auge do magnífico conhecimento moderno, a maioria das teorias médicas nega completamente os fenômenos espirituais, e trata-os como distúrbios mentais decorrentes do mau funcionamento do cérebro, da mente e dos nervos.

Já no campo da economia, ainda há muitas pessoas que defendem a teoria econômica da doutrina marxista. No entanto, nossa avaliação espiritual revelou que Marx encontra-se atualmente na mais profunda das camadas do inferno chamada "Muken-Jigoku" ou "Inferno Sem Fim"[33].

Na área da psicanálise, os resultados de nossa investigação espiritual sobre Freud revelam que ele parece ter ensinado uma psicologia equivocada[34]. Ele sustentava que todos os distúrbios mentais nos seres humanos têm raízes na repressão psicológica, nos maus-tratos e em desejos sexuais reprimidos na infância. Em outras palavras, defendia a ideia de que todos os distúrbios mentais tinham suas origens neste mundo. Na verdade, preferiu adotar posições em que não precisasse abordar questões relacionadas à espiritualidade. Essa também é uma maneira de rejeitar a Verdade religiosa e espiritual.

Por causa disso, muitas crianças são educadas em meio a um "senso comum" repleto de imensos mal-en-

---

33. *Spiritual Messages from Marx and Mao Zedong* ("Mensagens Espirituais de Marx e Mao-tsé Tung"), IRH Press Co., Ltd., disponível apenas em japonês.
34. *Spiritual Messages from Freud* ("Mensagens Espirituais de Freud"), IRH Press Co., Ltd., disponível apenas em japonês.

tendidos e ideias equivocadas; elas são avaliadas segundo suas capacidades e algumas são escolhidas com a intenção de formar uma elite. Depois entram no mundo adulto, pensando que são pessoas com um "senso comum" excepcional, e passam a influenciar a sociedade com esses valores.

Portanto, precisamos estar cientes de que a maior parte do conhecimento comumente difundido e aceito no mundo atual está corrompido.

Existem muitos ensinamentos além dos oferecidos pela Happy Science, mas a maioria já perdeu sua forma original e não se sabe até que ponto se degenerou. É essa a situação que vivemos no século 21.

Atualmente, a "Luz de Deus" Não Está Conseguindo Alcançar o Mundo

Quando realizei uma viagem para dar palestras no Brasil, em 2010, visitei a maior igreja de São Paulo, a Catedral da Sé. Mas, ao visitá-la, não captei a presença dos espíritos de Paulo ou de Jesus; ela estava vazia. Para mim foi uma surpresa descobrir que nenhum deles estava lá. Ao que parece, os dois espíritos talvez estejam interessados em outros países ou regiões. Talvez a situação seja a mesma em outras igrejas.

Observei a mesma situação quando viajei para Cingapura. Falei francamente sobre isso na palestra que fiz lá, dizendo: "No dia anterior à minha palestra, tentei entrar em contato com os seres divinos de Singapura. Invoquei-os várias vezes, mas veio apenas o chefe de uma vila pesqueira. Fico triste em dizer, mas não há deuses neste país. Sei que é um desrespeito afirmar isso, mas a Luz de Deus não está alcançando a prosperidade de Cingapura, que está focada apenas em ganhar dinheiro. Portanto, embora a China ateísta e a próspera Cingapura pareçam ser diferentes, na verdade, não há grande diferença entre ambas."[35]

Transmiti isso de maneira franca à plateia. No final, não tive como não afirmar que o desenvolvimento e a prosperidade sem valores espirituais são verdadeiramente vazios. De alguma forma, desejo virar esse mundo pelo avesso.

---

35. Palestra em inglês, *Happiness and Prosperity* ("Felicidade e Prosperidade"), realizada em 15 de setembro de 2011.

As Leis da Perseverança

3

A Relação Entre a "Investigação Científica" e a "Verdade Espiritual"

Pesquisando a Existência de Seres Desconhecidos Mostrados no Filme *Contato*

Para minha surpresa, a maioria das pessoas deste mundo aceita a existência de Deus, apesar de não ter uma ideia clara de Sua forma ou aparência. Um exemplo é o filme *Contato*, baseado na novela de Carl Sagan, produzido nos Estados Unidos em 1997. Ele conta a história de uma cientista que está tentando verificar a existência de seres desconhecidos.

A Decifração de Sinais de Rádio do Espaço Confirma a Existência do Transporte Interestelar

Nesse filme, durante vários anos uma astrônoma americana tenta detectar sinais do espaço cósmico usando um radiotelescópio e outros equipamentos. Ela acredita que, se há formas de vida superiores como as que existem na Terra, elas devem estar tentando sinalizar sua existência de alguma forma. No meio de suas tentativas de capturar esses sinais, os fundos que apoiam sua pesquisa foram cortados e o programa está prestes a ser encerrado.

É quando um sinal de rádio chega de Vega, na constelação de Lyra, situada a 26 anos-luz da Terra. Quando um especialista em criptografia decifra o sinal, descobre-se que é um desenho de um veículo para transporte de pessoas à Vega.

A Decisão do Grupo de Investigação de Impedir uma Ateísta de Viajar até Vega

Para escolher uma pessoa para embarcar na nave espacial, o grupo entrevista cerca de dez candidatos e avalia suas aptidões. Até esse momento, a candidata mais cotada é a astrônoma, mas ela não consegue dar uma resposta direta à questão "Você acredita em Deus?" Ela não diz que é ateia, mas responde que "não pode acreditar em algo que não tenha sido provado".

Como resultado, o grupo conclui que: "Considerando que 95% da humanidade acredita em algum tipo de Deus, seria inadequado enviar alguém dos 5% restantes a outro planeta como representante das pessoas da Terra". Portanto, ela deixa de ser a primeira escolha.

A pessoa que era a segunda escolha até então, um cientista mais velho, meio mal-intencionado, embarca na nave no lugar dela. Mas um fundamentalista cristão, uma espécie de líder de um culto religioso, lança um ataque terrorista. A nave é destruída e o cientista acaba morrendo na explosão.

Mais adiante no filme, é revelado que uma nave de reserva havia sido construída secretamente em Hokkaido, Japão, e a astrônoma finalmente parte para Vega.

As Leis da Perseverança

No Final, Estabelece-se Contato com os Seres de Vega

A nave interestelar é um veículo esférico que simplesmente cai por algo como um campo eletromagnético criado ao girar um dispositivo a altíssima velocidade. Conforme cai, o veículo transita por uma dobra espacial e viaja até Vega.

Depois de viajar pelo chamado "buraco de minhoca", a astrônoma chega a Vega e encontra um ser de lá. O ser de Vega não revela sua verdadeira forma, mas aparece a ela como seu falecido pai e lhe dá a seguinte explicação.

"Estamos fazendo isso há bastante tempo. Existem muitas civilizações no universo, mas nem todas elas vieram até aqui. No entanto, no decorrer de centenas de milhões de anos, nós nos apresentamos às pessoas que convidamos numa forma que reproduza alguém que elas guardem na memória."

Ela volta à Terra depois dessa troca de experiências com o alienígena.

O Dilema de uma Astrônoma Que Não Consegue Provar que Encontrou Alienígenas

A astrônoma insiste ter ido para Vega, mas na realidade o que aconteceu foi que a nave esférica simplesmente havia descido. Por isso, todos em volta dela acham que o experimento havia fracassado. Eles filmam a viagem de vários ângulos, e há apenas um único instante em que a nave não aparece no filme, mas só isso não é suficiente para provar que ela foi até Vega.

Quando perguntam à astrônoma: "Você diz que encontrou um ser de Vega mas não tem nenhuma prova disso?", ela responde: "Não tenho prova nenhuma. Portanto, se você afirmar que foi uma alucinação, não vou ter como refutar. Mas acredito que o que experimentei não foi nem alucinação, nem fantasia. Sendo alguém envolvida com ciência empírica há muito tempo, e como observadora, acredito que se trata de uma memória de ter realmente estado ali, e não da manifestação de uma alucinação ou de um desejo meu".

O ponto é que, até então, a cientista não acreditava em Deus e dizia que não podia acreditar em algo que não pudesse ser provado. Mas depois que experimenta realmente viajar até Vega, sua posição se inverte e agora ela tenta convencer aqueles que não acreditam nela.

Por mais que repetisse: "Não tenho nada que possa provar o que experimentei, mas simplesmente não posso acreditar que tenha sido uma alucinação", ela não conseguia convencê-los. Mesmo assim, a experiência fez com que ela mudasse sua visão de mundo.

Pessoas Cuja Vida Foi Transformada por Experiências Místicas do Universo

Portanto, o filme *Contato* narra a história de como uma ateia passa a acreditar na existência de um Grande Ser que criou esse vasto universo. Na verdade, muitas pessoas que voltaram de voos espaciais tripulados, como os realizados até a superfície da Lua, acabaram se tornando missionários ou aderiram a alguma religião após voltar à Terra. Essas pessoas – e foram muitas – tiveram experiências místicas no espaço cósmico. Esse era o pano de fundo do filme.

Mesmo a astrônoma, até então ateia, não tinha mais como dizer que algo era "equivocado" ou que não merecia "crédito" simplesmente porque não havia uma prova. Ela não podia mais dizer isso depois de ter experimentado por si própria essa realidade.

O Mistério da Gravação de Dezoito Horas de Ruído em Menos de um Segundo

Porém, a certa altura há uma guinada nessa história. Quando a nave caiu, durante um instante de menos de um segundo ela desapareceu do filme. A astrônoma levara uma câmera de vídeo com ela até Vega; assim, enquanto descrevia o que ia vendo, também ia filmando.

Tudo o que a câmera registrou foi ruído, mas o filme tinha dezoito horas de duração. Portanto, na verdade essas dezoito horas haviam transcorrido no instante em que a nave não estava na tela, e as pessoas concluíram que durante esse tempo ela havia ido parar em algum lugar. Essa era a guinada na história no filme.

Podemos supor que o filme *Contato* se baseou em informações sobre o espaço exterior fornecidas pela Nasa e entidades relacionadas. Parece que há uma boa quantidade de informações sobre Vega[36].

---

36. Ver publicações como *Breaking the Silence: Interviews with Space People* ("Rompendo o Silêncio: Entrevistas com Pessoas Ligadas ao Espaço"), Happy Science; *Secrets of the Galactic Federation: Protectors of Earth* ("Segredos da Federação Galáctica: Protetores da Terra"), IRH Press Co., Ltd., disponível apenas em japonês; e *The Guardian of the Universe and the Queen of Vega* ("O Guardião do Universo e a Rainha de Vega"), do Mestre Okawa, pela IRH Press Co., Ltd., disponível apenas em japonês.

Invertendo o Senso Comum

A Verdadeira Natureza da Fé É Aceitar a "Conclusão" Mesmo Quando Não Existe Prova

O que a Happy Science está fazendo talvez seja algo similar. As pessoas hoje sempre querem ter provas; não aceitam nada que não tenha sido provado, querem que se reúnam provas de sua existência. Em outras palavras, esta é uma era em que as pessoas só aceitam algo que seja provado indutivamente. É mais ou menos como um detetive trabalhando numa investigação criminal. Ele começa colhendo impressões digitais, depois reúne diferentes tipos de provas, como provas materiais, confissões ou testemunhos.

    No entanto, há também o método dedutivo, que começa com a ideia de que há uma conclusão definida. É por esse motivo que agora estou reunindo e publicando informações a respeito do universo e do futuro, a partir do uso de vários poderes mediúnicos.

    No presente estágio do tempo, ainda não foram reunidas provas daquilo que eu afirmo. Não é como cavar antigas camadas de rocha para revelar a evidência de que os dinossauros viveram aqui na Terra há 65 milhões de anos. Não há provas sobre o futuro, nem é possível reunir provas a respeito do universo.

    No entanto, se você conseguir enxergar o futuro, poderá procurar maneiras de chegar lá e explorar os passos que irão levá-lo a essas conclusões. A mesma coisa se aplicaria se você conseguisse ver os resultados de partir para explorar o espaço. Portanto, o caminho para encontrar a Verdade não é somente um método indutivo, no qual você chega a uma conclusão acumulando provas concretas. Você também pode fazer isso por meio do método dedutivo, aceitando previamente uma conclusão e depois explorando uma maneira de chegar até ela.

Essa última abordagem, de primeiro aceitar uma conclusão, é de fato a verdadeira atitude da espiritualidade. A fé religiosa é exatamente isso. A menos que as pessoas aceitem uma conclusão primeiro, não procurarão entender, nem poderão compreender verdadeiramente. No final das contas, tudo será em vão, a não ser que você aceite a existência de Deus.

A Arrogância de Se Pensar Que Vivemos na Era Mais Avançada de Todas

Há pessoas que dizem: "Não existe nada além deste mundo" ou "Neste mundo não há nada além daquilo que eu posso ver, ouvir ou sentir por mim mesmo". Para aqueles que só acreditam naquilo que podem ver com seus olhos, ouvir com seus ouvidos e provar com sua língua ou tocar com seus dedos, todas as atividades das pessoas que acreditam em religião são consideradas ilusórias ou fantasias. Ou, em termos grosseiros, uma espécie de fraude.

Também pode haver cientistas que pensam: "Em termos históricos, a era dessa tolice de se crer em religião durou alguns milhares de anos para a humanidade. No entanto, a ciência avançou e tais superstições ficaram em segundo plano, e nos últimos anos finalmente emergimos para um 'mundo aberto', inteligente e magnífico."

Infelizmente, porém, isso é o cúmulo da arrogância. É arrogante pensar que os humanos já compreenderam todas as Verdades apenas nesses últimos cem ou duzentos anos. Também é muita pretensão achar que dois, três ou quatro mil anos atrás a humanidade era inferior às pessoas de hoje em termos de ética, emoções, filosofia ou apreciação da Verdade. Escavações acharam vestígios de uma raça antiga com um crânio maior que o do homem moderno. Como não tivemos contato nem conversamos com eles, não podemos saber ser eram inferiores ou superiores às pessoas de hoje.

Por exemplo, embora os Cro-Magnon ao que parece tivessem um cérebro maior do que o do homem moderno, não temos como reproduzir hoje seu pensamento, cultura ou civilização. Às vezes, consigo descobrir algo a respeito disso quando realizo "Leituras de Vidas Passadas" com uma técnica mediúnica avançada. Essa técnica espiritual corresponde ao "Poder de Conhecer Existências Prévias", que constitui um dos Seis Poderes Divinos de Buda[37]. No entanto, no presente estágio do tempo, não é possível produzir nenhuma evidência.

Mesmo assim, o simples fato de não haver provas não significa que uma coisa não exista.

As Sessões Públicas de "Entrevistas Espirituais" Desafiam o Senso Comum das Pessoas

Nos início do movimento espiritual da Happy Science, por determinado período publiquei um grande número de mensagens espirituais com objetivo de provar a existência do mundo espiritual. Mas, depois disso, passei a desenvolver meus ensinamentos baseados no meu pensamento, os quais venho compilando por um longo tempo.

---

37. Ver *Secrets of the Everlasting Truths* ("Segredos das Verdades Eternas"), IRH Press Co., Ltd.

Entretanto, a partir de 2010 mais ou menos, voltei a produzir vários livros com mensagens espirituais, como os da série "Entrevistas Espirituais"[38].

Mais de 300 espíritos aparecem nessa série (até dezembro de 2013) e ao publicar tantas mensagens espirituais sei que estou desafiando o senso comum atual. Coloco a seguinte questão: "Vocês acham que essas mensagens espirituais são genuínas ou falsas?"

Vendo os comentários nos grandes jornais sobre os meus livros, concluo que no mínimo eles consideram que a Happy Science não é um grupo de pessoas que perderam o juízo. Ao mesmo tempo, tenho a impressão de que pensam: "Ryuho Okawa não parece ser um doido. Ele apresenta conclusões bastante lógicas e sábias, e afirma coisas muito razoáveis".

De fato, provavelmente seria mais difícil provar que a Happy Science não é uma coisa séria. Assim, no momento estabelecemos um firme poder de influência, e estamos apresentando o que consideramos ideal no que se refere a maneiras de pensar e a vários aspectos da vida, assim como em relação ao "que é retidão".

---

38. Ver *The Gods Reveal the Truth About Lemuria* ("Os Deuses Revelam a Verdade sobre a Lemúria"), IRH Press Co., Ltd., disponível apenas em japonês.

O Poder da Verdade Destrói a Visão Incorreta Existente no "Senso Comum"

Mensagens do Mundo Espiritual Começaram a Abalar o Mundo

Como mencionei, a "retidão" que a Happy Science ensina ao mundo é, na verdade, fundamentalmente de poder, luz e filosofia do pensamento. Essas coisas vêm do mundo celestial, do centro do universo e do coração do mundo celestial. É claro, isso também inclui as conclusões alcançadas por meio dos vários experimentos espirituais, mas a publicação contínua de diversas mensagens espirituais serve como uma prova neste mundo material. Talvez não haja muitas pessoas além de mim que possa oferecer tantas mensagens espirituais assim. Não sei se podemos aplicar a teoria da probabilidade para calcular isso, mas a probabilidade de existir alguém que seja capaz de publicar muitos livros de mensagens espirituais recebidas de centenas de pessoas que já partiram desse mundo talvez seja de uma em um milhão, ou uma em dez milhões, ou até mesmo uma em cem milhões. É quase impossível conseguir expressar isso em termos de probabilidade.

Não obstante, eu continuo publicando seguidamente livros com mensagens espirituais. Essas mensagens estão agora começando a abalar o mundo cristão, o mundo islâmico, o mundo do xintoísmo japonês e também vários países ateus. De fato, isso faz parte de um imenso movimento espiritual que está começando a ocorrer.

Essas mensagens espirituais também incluem mensagens dos deuses que deram origem ao Japão. Por exemplo, os deuses descritos no "Kojiki", *Registros da História Antiga,* e "Nihon-Shoki", as *Crônicas do Japão,* também se fizeram presentes. Expressam os pensamentos desses deuses que talvez estejam querendo recriar o Japão uma vez mais, apontando para um novo início, reconstruindo radicalmente o país. Ao fazer isso, talvez cheguem a exercer muita influência sobre as diversas religiões do mundo.

Quanto ao Cristianismo, pude confirmar que mesmo no Brasil, um país cristão, onde cerca de 70% da população é cristã, que nem Jesus nem Paulo estão presentes lá. No entanto, Jesus com frequência vem visitar a Happy Science e nos transmite muitas orientações espirituais. Pode ser que o Vaticano considere isso totalmente inaceitável. Talvez possam pensar que Jesus só saiba falar italiano. Mas, lamento dizer, que ele é bom o suficiente para falar também em japonês. No entanto, Jesus também não tem se manifestado nas igrejas do Japão. Isso parece ser muito injusto aos seguidores cristãos, pois certamente pensam que Jesus deveria descer nos lugares onde as pessoas mais acreditam Nele e oram diante da cruz. Ou que deveria visitar algum lugar onde estão dando ênfase às comemorações natalinas. Seja como for, sei que por alguma razão ele parece não estar indo visitar as igrejas. Talvez seja porque, como mencionei anteriormente, ele saiba que se aparecesse numa igreja atualmente, talvez não demorasse muito para se tornar alvo de críticas.

Invertendo o Senso Comum

A Responsabilidade das Pessoas Que Distorcem a Verdade Espiritual com o Materialismo

Ainda nos dias de hoje existe uma tendência do cristianismo a negar as coisas místicas ou fenômenos espirituais. No budismo, também, após 2.500 anos, é possível encontrar o pensamento materialista nos ensinamentos. Isso se acentua se selecionarmos apenas parte deles. Vamos dizer, por exemplo, que eu dê o seguinte ensinamento: "Tenho certeza de que muitos de vocês desejam viver muitos anos. Provavelmente vocês querem ter uma vida longa e feliz, no meio da alegria e da prosperidade. No entanto, todos vocês um dia partirão deste mundo.

Por mais que você treine seu corpo físico, não importa que dietas de saúde você adote, com certeza irá morrer daqui a algumas décadas. Ao morrer, seu corpo será cremado e transformado em cinzas, ou colocado num cemitério. Recentemente, têm sido realizados também 'enterros naturais', nos quais as cinzas são espalhadas no mar ou nas montanhas, mas, de um modo ou de outro, você irá virar cinzas".

Você pode escolher este ensinamento: "Quando a gente morre, vira cinza", e interpretá-lo de maneira materialista dizendo: "Ah, as pessoas se reduzem a nada quando morrem; de fato, morrer é o fim da linha".

Na verdade, não há nada de errado com o ensinamento original. Mas algumas pessoas o interpretam à luz de sua própria visão da vida. Elas extraem e passam adiante apenas os aspectos que são convenientes para sua atual posição. Acredito que a responsabilidade pelo que vem acontecendo no mundo é desse tipo de pessoa.

As Leis da Perseverança

As Pessoas Acreditam Que Shōin Yoshida É um "Ser Divino"

No mundo celestial há muitos seres conhecidos como budas e deuses, além de anjos de luz e *bodhisattvas* que os auxiliam. E, na verdade, é desse jeito mesmo.

Muitos anjos de luz e *bodhisattvas* descem várias vezes à Terra e tentam guiar as pessoas deste mundo. Dessa forma, podemos deduzir que os budas e deuses realmente existem. Se tais espíritos elevados não existissem e os humanos não recebessem sua atenção, seríamos incapazes de sentir o amor e a compaixão desses budas e deuses.

Há pouco tempo, fui ver a Escola da Vila de Shōka, de Shōin Yoshida e, o Santuário Shōin em Hagi, Província de Yamaguchi. Faz apenas cerca de 150 anos que Shōin Yoshida faleceu, mas o santuário erigido em sua devoção tornou-se esplêndido. Os arcos xintoístas formam uma construção dupla, que ocupa não só a entrada do caminho que leva ao santuário, mas se estende até o principal santuário interno. Quando vemos isso, podemos logo concluir que Shōin Yoshida é o "deus" mais destacado da região de Yamaguchi. Ele morreu há pouco mais de cem anos. Mas tenho a clara sensação de que ele já está sendo visto como um ser divino, que ninguém mais duvida disso.

No entanto, a trajetória de vida de Shōin Yoshida neste mundo foi cheia de percalços. Ele se tornou um samurai que não tinha mestre, depois de deixar sua cidade natal sem a permissão de seu clã feudal. Visitou vários lugares em outros clãs feudais, como os do litoral, para avaliá-los do ponto de vista da defesa nacional do Japão. Fez uma tentativa de ir para os Estados Unidos embarcando no navio *Perry* em Shimoda. Como resultado, foi detido e aprisionado na cadeia de Noyama e acabou sendo executado numa prisão em Kodenma-chō.

Sob o ponto de vista desse mundo, sua vida foi uma sequência de fracassos. Ele morreu com a idade de vinte e nove anos e dois meses. No entanto, o santuário onde é reverenciado tem agora um imenso monumento. Isso significa que as pessoas compreendem que ele é originalmente um ser divino, independentemente do fato de ter sido uma pessoa que viveu há pouco mais de cem anos.

A região de Chōshū produziu vários grandes homens no século 19, mas as pessoas logo compreenderam claramente que ele pertencia a uma classe diferente. Foi isso o que eu percebi naquela época.

O Tanque da Verdade Esmaga a Ilusão Chamada "Senso Comum"

A Happy Science ainda não chegou a todos os cantos do Japão, e ainda há muitos lugares no exterior que precisamos alcançar, mas tenho confiança na humanidade. Penso que aquilo que estamos fazendo e transmitindo será definitivamente reconhecido em todo o mundo num futuro próximo, ainda no século 21.

O que estamos dizendo pode ser considerado absurdo do ponto de vista do senso comum ensinado nos livros escolares e do senso comum das religiões tradicionais que nos foram transmitidas até hoje.

No entanto, consta claramente das escrituras budistas que o Buda Shakyamuni possuía os Seis Poderes Divinos. Também está escrito que ele podia ver com clareza o passado, o presente e o futuro e que era capaz de fazer "viagens astrais". Eu mesmo tenho vivenciado essas mesmas coisas. Muitas pessoas simplesmente não conseguem compreender isso porque leem as escrituras como se fossem histórias folclóricas. No entanto, atualmente há pessoas que são capazes de realizar essas façanhas.

Estamos agora tentando destruir o padrão incorreto de pensamento deste mundo e o senso comum influenciado pela grande mídia. Também estamos tentando vencer o pensamento tradicional das religiões.

A Verdade é poderosa.
O tanque da Verdade
Certamente destruirá as ilusões e avançará.
Virá o dia em que as pessoas deste mundo
irão compreender
O sentido das palavras que estou transmitindo.
De qual é o significado de "Morrer pela Verdade".
Por favor, fortaleçam-se para esse dia.
Por favor, continuem firmes em sua fé
pelos anos que estão por vir.
Esse é o desejo do fundo de meu coração.

Posfácio

Citei muitos exemplos, desde os quatro grandes santos – Buda Shakyamuni, Jesus Cristo, Sócrates e Confúcio – até Jan Hus, Joana D'Arc, Lincoln e Shōin Yoshida. Pessoas que deixaram sua marca na história e que nem sempre tiveram uma vida tranquila.

Não importa o quanto você sofra, a Verdade irá gradualmente brilhar conforme você continue resistindo aos obstáculos. Portanto, simplesmente fortaleça sua mente e continue fazendo um esforço constante nos momentos difíceis, por mais frequentes que se tornem na sua vida.

Em alguma hora, você irá superar a sua fase ruim e vencerá as dificuldades. E à medida que tentar reverter o senso comum, um dia irá compreender que as pessoas podem ser "invencíveis", mesmo que pareçam ter sido derrotadas neste mundo. Nesse processo, você poderá sentir que está acumulando virtudes.

Já fomos além dos limites do senso comum deste mundo. Tudo o que podemos fazer é continuar lutando com um espírito inabalável e determinação.

Ryuho Okawa
dezembro de 2013

Sobre o Autor

O mestre Ryuho Okawa começou a receber mensagens de grandes personalidades da história – Jesus, Buda e outros seres celestiais – em 1981. Esses seres sagrados vieram com mensagens apaixonadas e urgentes, rogando para que ele transmitisse às pessoas na Terra a sabedoria divina deles. Assim se revelou o chamado para que ele se tornasse um líder espiritual e inspirasse pessoas no mundo todo com as Verdades espirituais sobre a origem da humanidade e sobre a alma, por tanto tempo ocultas. Esses diálogos desvendaram os mistérios do Céu e do Inferno e se tornaram a base sobre a qual o mestre Okawa construiu sua filosofia espiritual. À medida que sua consciência espiritual se aprofundou, ele compreendeu que essa sabedoria continha o poder de ajudar a humanidade a superar conflitos religiosos e culturais e conduzi-la a uma era de paz e harmonia na Terra.

Pouco antes de completar 30 anos, o mestre Okawa deixou de lado uma promissora carreira de negócios para se dedicar totalmente à publicação das mensagens que recebe do Mundo Celestial. Desde então, até abril de 2014, já lançou mais de 1.500 livros, tornando-se um autor de grande sucesso no Japão e no mundo. A universalidade da sabedoria que ele compartilha, a profundidade de sua filosofia religiosa e espiritual e a clareza e compaixão de suas mensagens continuam a atrair milhões de leitores. Além de seu trabalho contínuo como escritor, o mestre Okawa dá aulas e palestras públicas pelo mundo todo.

Sobre a Happy Science

Em 1986, o mestre Ryuho Okawa fundou a Happy Science, um movimento espiritual empenhado em levar mais felicidade à humanidade pela superação de barreiras raciais, religiosas e culturais, e pelo trabalho rumo ao ideal de um mundo unido em paz e harmonia. Apoiada por seguidores que vivem de acordo com as palavras de iluminada sabedoria do mestre Okawa, a Happy Science tem crescido rapidamente desde sua fundação no Japão e hoje conta com mais de 12 milhões de membros em todo o globo, com Templos locais em Nova York, Los Angeles, São Francisco, Tóquio, Londres, Paris, Düsseldorf, Sydney, São Paulo e Seul, dentre as principais cidades. Semanalmente o mestre Okawa ensina nos Templos da Happy Science e viaja pelo mundo dando palestras abertas ao público. A Happy Science possui vários programas e serviços de apoio às comunidades locais e pessoas necessitadas, como programas educacionais pré e pós-escolares para jovens e serviços para idosos e pessoas portadoras de deficiências. Os membros também participam de atividades sociais e beneficentes, que no passado incluíram ajuda humanitária às vítimas de terremotos na China e no Japão, levantamento de fundos para uma escola na Índia e doação de mosquiteiros para hospitais em Uganda.

PROGRAMAS E EVENTOS

Os templos locais da Happy Science oferecem regularmente eventos, programas e seminários. Junte-se às nossas sessões de meditação, assista às nossas palestras, participe dos grupos de estudo, seminários e eventos literários. Nossos programas ajudarão você a:

- Aprofundar sua compreensão do propósito e significado da vida.
- Melhorar seus relacionamentos conforme você aprende a amar incondicionalmente.
- Aprender a tranquilizar a mente mesmo em dias estressantes, pela prática da contemplação e da meditação.
- Aprender a superar os desafios da vida e muito mais.

SEMINÁRIOS INTERNACIONAIS

Anualmente, amigos do mundo inteiro comparecem aos nossos seminários internacionais, que ocorrem em nossos templos no Japão. Todo ano são oferecidos programas diferentes sobre diversos tópicos, entre eles como melhorar relacionamentos praticando os Oito Corretos Caminhos para a iluminação e como amar a si mesmo.

REVISTA HAPPY SCIENCE

Leia os ensinamentos do mestre Okawa na revista mensal *Happy Science*, que também traz experiências de vida de membros do mundo todo, informações sobre vídeos da Happy Science, resenhas de livros etc. A revista está disponível em inglês, português, espanhol, francês, alemão, chinês, coreano e outras línguas. Edições anteriores podem ser adquiridas por encomenda. Assinaturas podem ser feitas no templo da Happy Science mais perto de você.

Contatos

TEMPLOS DA HAPPY SCIENCE NO BRASIL

Para entrar em contato, visite o website da Happy Science no Brasil:
http://www.happyscience-br.org

TEMPLO MATRIZ DE SÃO PAULO
Rua Domingos de Morais, 1154, Vila Mariana,
São Paulo, SP, CEP 04010-100.
Tel.: (11) 5088-3800; Fax: (11) 5088-3806
E-mail: sp@happy-science.org

TEMPLOS LOCAIS

SÃO PAULO
Região Sul:
Rua Domingos de Morais, 1154, 1º andar,
Vila Mariana, São Paulo, SP,
CEP 04010-100.
Tel.: (11) 5574-0054; Fax: (11) 5574-8164
E-mail: sp_sul@happy-science.org

Região Leste:
Rua Fernão Tavares, 124,
Tatuapé, São Paulo, SP,
CEP 03306-030.
Tel.: (11) 2295-8500;
Fax: (11) 2295-8505
E-mail: sp_leste@happy-science.org

Região Oeste:
Rua Grauçá, 77, Vila Sônia,
São Paulo, SP,
CEP 05626-020.
Tel.: (11) 3061-5400
E-mail: sp_oeste@happy-science.org

JUNDIAÍ
Rua Congo, 447, Jd. Bonfiglioli,
Jundiaí, SP, CEP 13207-340.
Tel.: (11) 4587-5952
E-mail: jundiai@happy-science.org

RIO DE JANEIRO
Largo do Machado, 21 sala 607, Catete
Rio de Janeiro, RJ,
CEP 22221-020.
Tel.: (21) 3243-1475
E-mail: riodejaneiro@happy-science.org

SOROCABA
Rua Dr. Álvaro Soares, 195, sala 3, Centro,
Sorocaba, SP, CEP 18010-190.
Tel.: (15) 3359-1601
E-mail: sorocaba@happy-science.org

SANTOS
Rua Itororó, 29, Centro,
Santos, SP, CEP 11010-070.
Tel.: (13) 3219-4600
E-mail: santos@happy-science.org

TEMPLOS DA HAPPY SCIENCE PELO MUNDO

A Happy Science é uma organização com vários templos distribuídos pelo mundo. Para obter uma lista completa, visite o site internacional (em inglês):

www.happyscience.org.

Localização de alguns dos muitos templos da Happy Science no exterior:

JAPÃO
Departamento Internacional
6F 1-6-7, Togoshi, Shinagawa,

Contatos

Tokyo, 142-0041, Japan
Tel.: (03) 6384-5770
Fax: (03) 6384-5776
E-mail: tokyo@happy-science.org
Website: www.happy-science.jp

ESTADOS UNIDOS
Nova York
79 Franklin Street,
New York, NY 10013
Tel.: 1- 212-343-7972
Fax: 1-212-343-7973
E-mail: ny@happy-science.org
Website: www.happyscience-ny.org

Los Angeles
1590 E. Del Mar Boulevard,
Pasadena, CA 91106
Tel.: 1-626-395-7775
Fax: 1-626-395-7776
E-mail: la@happy-science.org
Website: www.happyscience-la.org

São Francisco
525 Clinton Street,
Redwood City, CA 94062
Tel./Fax: 1-650-363-2777
E-mail: sf@happy-science.org
Website: www.happyscience-sf.org

Havaí
1221 Kapiolani Blvd,
Suite 920, Honolulu
HI 96814, USA
Tel.: 1-808-537-2777
E-mail: hawaii-shoja@happy-science.org
Website: www.happyscience-hi.org

As Leis da Perseverança

AMÉRICAS CENTRAL E DO SUL

MÉXICO
E-mail: mexico@happy-science.org
Website: www.happyscience.jp/sp

PERU
Av. Angamos Oeste, 354,
Miraflores, Lima, Perú
Tel.: 51-1-9872-2600
E-mail: peru@happy-science.org
Website: www.happyscience.jp/sp

EUROPA

INGLATERRA
3 Margaret Street,
London W1W 8RE, UK
Tel.: 44-20-7323-9255
Fax: 44-20-7323-9344
E-mail: eu@happy-science.org
Website: www.happyscience-eu.org

ALEMANHA
Klosterstr. 112, 40211 Düsseldorf, Germany
Tel.: 49-211-9365-2470
Fax: 49-211-9365-2471
E-mail: germany@happy-science.org

FRANÇA
56 rue Fondary 75015, Paris, France
Tel.: 33-9-5040-1110
Fax: 33-9-5540-1110
E-mail: france@happy-science-fr.org
Website: www.happyscience-fr.org

Outros Livros de Ryuho Okawa

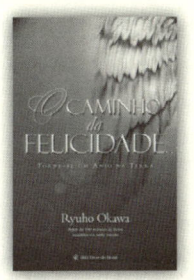

O Caminho da Felicidade
Torne-se um Anjo na Terra
IRH Press do Brasil

Aqui se encontra a íntegra dos ensinamentos da Verdade espiritual transmitida por Ryuho Okawa e que serve de introdução aos que buscam o aperfeiçoamento espiritual. Okawa apresenta "Verdades Universais" que podem transformar sua vida e conduzi-lo para o caminho da felicidade. A sabedoria contida neste livro é intensa e profunda, porém simples, e pode ajudar a humanidade a alcançar uma era de paz e harmonia na Terra.

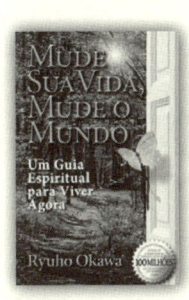

Mude Sua Vida, Mude o Mundo
Um Guia Espiritual para Viver Agora
IRH Press do Brasil

Este livro é uma mensagem de esperança, que contém a solução para o estado de crise em que nos encontramos hoje, quando a guerra, o terrorismo e os desastres econômicos provocam dor e sofrimento por todos os continentes. É um chamado para nos fazer despertar para a Verdade de nossa ascendência, para que todos nós, como irmãos, possamos reconstruir o planeta e transformá-lo numa terra de paz, prosperidade e felicidade.

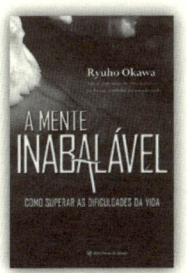

A Mente Inabalável
Como Superar as Dificuldades da Vida
IRH Press do Brasil

Muitas vezes somos incapazes de lidar com os obstáculos que a vida nos apresenta, sejam eles problemas pessoais ou profissionais, tragédias inesperadas ou dificuldades que nos acompanham há tempos. Para o autor, a melhor solução para tais situações é ter uma mente inabalável. Neste livro, ele descreve maneiras de adquirir confiança em si mesmo e alcançar o crescimento espiritual, adotando como base uma perspectiva espiritual.

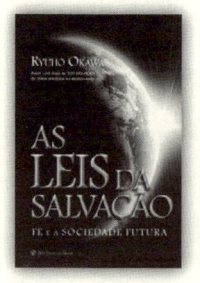

As Leis da Salvação
Fé e a Sociedade Futura
IRH Press do Brasil

O livro analisa o tema da fé e traz explicações relevantes para qualquer pessoa, pois ajudam a elucidar os mecanismos da vida e o que ocorre depois dela, permitindo que os seres humanos adquiram maior grau de compreensão, progresso e felicidade. Também aborda questões importantes, como a verdadeira natureza do homem enquanto ser espiritual, a necessidade da religião, a existência do bem e do mal, o papel das escolhas, a possibilidade do armagedom, o caminho da fé e a esperança no futuro, entre outros.

O Próximo Grande Despertar
Um Renascimento Espiritual
IRH Press do Brasil

Esta obra traz revelações surpreendentes, que podem desafiar suas crenças. Essas mensagens foram transmitidas pelos Espíritos Superiores ao mestre Okawa, para que ele ajude você a compreender a verdade sobre o que chamamos de "realidade". Se você ainda não está convencido de que há muito mais coisas do que aquilo que podemos ver, ouvir, tocar e experimentar; se você ainda não está certo de que os Espíritos Superiores, os Anjos de Guarda e os alienígenas de outros planetas existem aqui na Terra, então leia este livro.

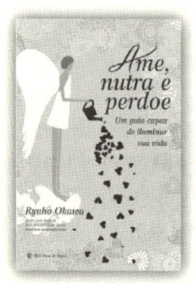

Ame, Nutra e Perdoe
Um Guia Capaz de Iluminar Sua Vida
IRH Press do Brasil

O autor traz uma filosofia de vida na qual revela os segredos para o crescimento espiritual através dos estágios do amor. Cada estágio representa um nível de elevação no desenvolvimento espiritual. O objetivo do aprimoramento da alma humana na Terra é progredir por esses

Outros Livros de Ryuho Okawa

estágios e desenvolver uma nova visão do maior poder espiritual concedido aos seres humanos: o amor. O livro ensina aspectos como a Independência e a Responsabilidade, que podem transformar a vida das pessoas.

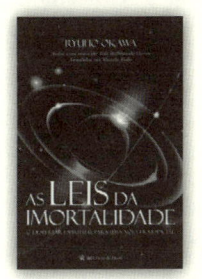

As Leis da Imortalidade
O Despertar Espiritual para uma Nova Era Espacial
IRH Press do Brasil

Milagres estão ocorrendo o tempo todo à nossa volta. Aqui, o mestre Okawa revela as verdades sobre os fenômenos espirituais e ensina que as leis espirituais eternas realmente existem, e como elas moldam o nosso planeta e os outros além deste. Milagres e ocorrências espirituais dependem não só do Mundo Celestial, mas sobretudo de cada um de nós e do poder contido em nosso interior – o poder da fé.

A Essência de Buda
O Caminho da Iluminação e da Espiritualidade Superior
IRH Press do Brasil

Este guia espiritual mostra como viver a vida com um verdadeiro significado e propósito. Apresenta uma visão contemporânea do caminho que vai muito além do budismo, a fim de orientar os que estão em busca da iluminação e da espiritualidade. Aqui você descobrirá que os fundamentos espiritualistas tão difundidos hoje na verdade foram ensinados por Buda Shakyamuni e fazem parte do budismo, tal como os *Oito Corretos Caminhos, as Seis Perfeições e a Lei de Causa e Efeito, o Vazio, o Carma, a Reencarnação, o Céu e o Inferno, a Prática Espiritual, a Meditação e a Iluminação.*

Estou bem!
7 passos para uma vida feliz
IRH Press do Brasil

Diferentemente dos textos de autoajuda escritos no Ocidente, este livro traz filosofias universais que irão atender às necessidades de qualquer pessoa. Um verdadeiro tesouro, repleto de reflexões que transcendem as diferenças culturais, geográficas, religiosas e raciais. É uma fonte de inspiração e transformação que dá, em linguagem simples, instruções concretas para uma vida feliz. Seguindo os passos deste livro, você poderá dizer "Estou bem!" com convicção e um sorriso amplo, onde quer que esteja e diante de qualquer circunstância que a vida lhe apresente.

As Leis Místicas
Transcendendo as Dimensões Espirituais
IRH Press do Brasil

A humanidade está entrando numa nova era de despertar espiritual graças a um grandioso plano, estabelecido há mais de 150 anos pelos espíritos superiores. Aqui são esclarecidas questões sobre espiritualidade, ocultismo, misticismo, hermetismo, possessões e fenômenos místicos, canalizações, comunicações espirituais e milagres que não foram ensinados nas escolas nem nas religiões. Você compreenderá o verdadeiro significado da vida na Terra, fortalecerá sua fé e religiosidade, despertando o poder de superar seus limites e até manifestar milagres por meio de fenômenos sobrenaturais.

As Leis do Futuro
Os Sinais da Nova Era
IRH Press do Brasil

O futuro está em suas mãos. O destino não é algo imutável, e pode ser alterado por seus pensamentos e suas escolhas. Em meio à diversidade cultural do mundo, qual cultura milenar poderá se tornar um alicerce para estabelecer os conceitos de educação, liderança e princípios sociais? Que tipo de espiritualidade as pessoas devem adotar para realmente transformar a Terra num planeta de luz? Aqui estão as respostas: podemos encontrar o Caminho da Vitória usando a força do pensamento para obter sucesso na vida material e espiritual. Desânimo e fracasso são coisas que não existem de fato: não passam de lições para o nosso aprimoramento nesta escola chamada Terra. Precisamos buscar novos desafios e encará-los de forma positiva para construir um futuro digno de seres em evolução e ascensão. Ao ler este livro, a esperança renascerá em seu coração e você cruzará o portal para a nova era.

Outros Livros de Ryuho Okawa

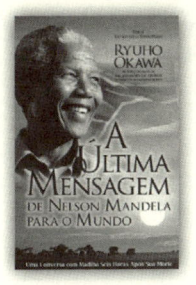

A Última Mensagem de Nelson Mandela para o Mundo
Uma Conversa com Madiba Seis Horas Após Sua Morte
IRH Press do Brasil

A Série ENTREVISTAS ESPIRITUAIS apresenta mensagens recebidas de espíritos famosos e revolucionários da história da humanidade e de espíritos guardiões de pessoas ainda encarnadas que estão influenciando o mundo contemporâneo. Este livro traz o relato de Nelson Mandela (1918-2013), que veio até o mestre Okawa seis horas após seu falecimento e transmitiu sua última mensagem de amor e justiça para todos, antes de retornar ao Mundo Espiritual. Porém, a revelação mais surpreendente deste livro é que Mandela é um Grande Anjo de Luz, trazido a este mundo para promover a justiça divina.

As Leis do Sol
As Leis Espirituais e a História que Governam Passado, Presente e Futuro
Editora Best Seller

Neste livro poderoso, Ryuho Okawa revela a natureza transcendental da consciência e os segredos do nosso universo multidimensional, bem como o lugar que ocupamos nele. Ao compreender as leis naturais que regem o universo, e desenvolver sabedoria através da reflexão com base nos Oito Corretos Caminhos ensinados no budismo, o autor tem como acelerar nosso eterno processo de desenvolvimento e ascensão espiritual.

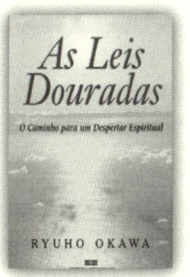

As Leis Douradas
O Caminho para um Despertar Espiritual
Editora Best Seller

Os Grandes Espíritos Guia de Luz têm sempre estado presentes na Terra em momentos cruciais, para cuidar do nosso desenvolvimento espiritual: Buda Shakyamuni, Jesus Cristo, Confúcio, Sócrates, Krishna e Maomé, entre outros. Este livro apresenta uma visão do Supremo Espírito que rege o Grupo Espiritual da Terra, El Cantare, revelando como o

As Leis da Perseverança

plano de Deus tem sido concretizado neste planeta ao longo do tempo. Depende de todos nós vencer o desafio, trabalhando juntos para ampliar a Luz.

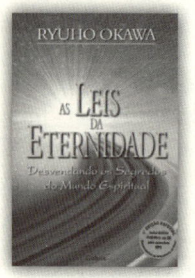

As Leis da Eternidade
A Revelação dos Segredos das Dimensões Espirituais do Universo
Editora Cultrix

Cada uma de nossas vidas é parte de uma série de vidas cuja realidade se assenta no Outro Mundo espiritual. Neste livro esclarecedor, Ryuho Okawa revela os aspectos multidimensionais do Outro Mundo, descrevendo suas dimensões, características e as leis que o governam, e explica por que é essencial compreendermos a estrutura e a história do mundo espiritual, e com isso percebermos com clareza a razão de nossa vida – como parte da preparação para a Era Dourada que está por se iniciar.

As Chaves da Felicidade
Os 10 Princípios para Manifestar a Sua Natureza Divina
Editora Cultrix

Os seres humanos estão sempre em busca da felicidade; no entanto, tornam-se cada vez mais infelizes por não conseguirem realizar seus desejos e ideais. Neste livro, o autor ensina os 10 princípios básicos da felicidade – Amor, Conhecimento, Reflexão, Mente, Iluminação, Desenvolvimento, Utopia, Salvação, Autorreflexão e Oração –, que podem servir de bússola para uma vida espiritual, permitindo que cada um de nós traga felicidade e crescimento espiritual para si mesmo e para todos à sua volta.

O Ponto de Partida da Felicidade
Um Guia Prático e Intuitivo para Descobrir o Amor, a Sabedoria e a Fé
Editora Cultrix

Como seres humanos, viemos a este mundo sem nada e sem nada o deixaremos. Entre o nascimento e a morte, a vida nos apresenta inúmeras oportunidades

Outros Livros de Ryuho Okawa

e desafios. Segundo o autor, podemos nos dedicar à aquisição de bens materiais ou procurar o verdadeiro caminho da felicidade – construído com o amor que dá, não com o que recebe, que acolhe a luz, não as trevas, emulando a vida das pessoas que viveram com integridade, sabedoria e coragem. Okawa nos mostra como alcançar a felicidade e ter uma vida plena de sentido.

Curando a Si Mesmo
A Verdadeira Relação entre Corpo e Espírito
IRH Press do Brasil

O autor revela as verdadeiras causas das doenças e os remédios para várias delas, que a medicina moderna ainda não consegue curar, oferecendo conselhos espirituais e de natureza prática. Ele mostra os segredos do funcionamento da alma e como o corpo humano está ligado ao plano espiritual.

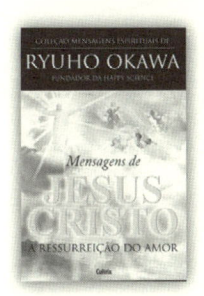

Mensagens de Jesus Cristo
A Ressurreição do Amor
Editora Cultrix

Jesus Cristo tem transmitido diversas mensagens espirituais ao mestre Okawa, que vem escrevendo muitos livros de mensagens espirituais recebidas de seres elevados como Buda, Jesus, Moisés, Confúcio etc. O objetivo das mensagens é despertar a humanidade para uma nova era de espiritualidade.

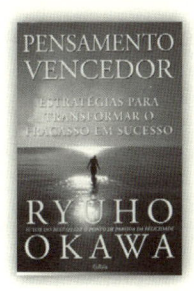

Pensamento Vencedor
Estratégia para Transformar o
Fracasso em Sucesso
Editora Cultrix

O pensamento vencedor baseia-se nos ensinamentos de reflexão e progresso necessários aos que desejam superar as dificuldades da vida e obter prosperidade. Ao estudar esta filosofia e usá-la como seu próprio poder, você será capaz de declarar que não existe derrota – só o sucesso.

As Leis da Felicidade
Os Quatro Princípios para uma
Vida Bem-Sucedida
Editora Cultrix

O autor ensina que, se as pessoas conseguem dominar os Princípios da Felicidade – Amor, Conhecimento, Reflexão e Desenvolvimento –, elas podem fazer sua vida brilhar, tanto neste mundo como no outro, pois esses princípios são os que conduzem as pessoas à verdadeira felicidade.